Horst Klaus Berg

Maria Montessori – Mit Kindern das Leben suchen

Antworten auf aktuelle pädagogische Fragen

Horst Klaus Berg

Maria Montessori – Mit Kindern das Leben suchen

Antworten auf aktuelle pädagogische Fragen

HERDER

FREIBURG · BASEL · WIEN

Gedruckt auf umweltfreundlichem, chlorfrei gebleichtem Papier
Umschlaggestaltung: Joseph Pölzelbauer, Freiburg
Umschlagfoto: Albert Josef Schmidt, Freiburg

www.herder.de
Satz: Barbara Herrmann, Freiburg
Druck und Bindung: fgb · freiburger graphische betriebe 2002
www.fgb.de
ISBN 3-451-27791-3

Inhalt

Vorwort

Zur Montessori-Pädagogik kam ich ziemlich spät und nicht ohne Druck.

Den Druck erlebte ich zunehmend in der Schule – außer meiner Arbeit als Hochschullehrer unterrichtete ich viele Jahre „nebenbei" an der Grund- und Hauptschule.

Bei mir selbst und vor allem bei den Vollzeit-Kolleginnen und -Kollegen und nicht zuletzt bei den Schülern verspürte ich immer deutlicher, dass Schule, wie wir sie gelernt hatten und praktizierten, zu viel Kraft fordert, zu wenig Erfolg verspricht. Die Verschleißerscheinungen sind bekannt: Viele erschöpfte, resignierende Lehrer, viele störende weil verstörte Kinder. Diese Erscheinungen sind nicht nur in der Schule zu spüren, sondern eigentlich überall, wo es um Erziehen und Lernen geht, in der vorschulischen Erziehung, aber auch in den Familien.

Ich beschloss, *Montessori-Pädagoge* zu werden. In und nach der Ausbildung begriff ich bald, dass noch ein zweiter Entschluss nötig war: Kein *Montessori-Ideologe* zu werden. Allzu leicht stellt sich bei so überzeugenden Konzepten wie der Montessori-Pädagogik die Verlockung ein, sie als Wundermittel zu betrachten, als Passepartout zur Überwindung aller Hindernisse. Aber dann erstarrt ein lebendiger Gedanke zum Lehrgebäude, werden begeisterte Erzieher und Lehrer zu Ausführungsorganen einer Gesinnung, gesprächsoffene Kollegen zu rechthaberischen Agenten einer Ideologie.

Montessori hat ohne Zweifel ihre Ideen nicht als fertige Lehrsätze verstanden, sondern als immer neue Denkanstöße. Dieser unabgeschlossene Charakter ihrer Äußerungen, diese gelegentlich „unbekümmert"[1] um systematische Absicherung frei strömenden Gedanken sollten auch heute anregen, Montessori-Pädagogik als lebendiges Gebilde wahrzunehmen und weiter zu tragen.

---

[1] So Paul Oswald und Günter Schulz-Benesch in der Einleitung zu „Schule des Kindes", 8.

In diesem Sinn versteht sich dies Buch als an-stößig und sucht nach Lesern, die nach Alternativen Ausschau halten, die neugierig auf Maria Montessori und ihre Ideen sind.

Montessori-Pädagogik ist gefragt – und doch auch wieder nicht

Beobachtungen, Problemanzeigen, Vorschläge

Es gibt wohl kaum ein (reform-)pädagogisches Konzept, das so breit rezipiert, weitergegeben, eingeübt wird wie Montessori-Pädagogik, jedenfalls in der Bundesrepublik. In unzähligen Kursen werden Erzieher und Lehrer in die Theorie eingeführt und auf die Praxis vorbereitet. Das Erziehungskonzept Montessoris findet einen fruchtbaren Boden vor. Tatsächlich ist ja gegenwärtig in der erzieherischen Praxis ein sehr lebhaftes Interesse an Reformpädagogik zu beobachten – daran hat auch die Montessori-Pädagogik teil.

Aber dieses Interesse sollte nicht den Blick dafür verstellen, dass die Montessori-Pädagogik in bestimmten Bereichen nicht viel Beachtung findet – fast könnte man den Eindruck gewinnen, sie gedeihe gegenwärtig in einem schönen, aber doch ein wenig abseits gelegenen Garten.

Einige Beobachtungen:

Die Montessori-Pädagogik ist oft stark mit sich selbst beschäftigt; Zusammenarbeit und Gespräch mit verwandten Themen und Aufgabenstellungen werden nur schwach genutzt. So finden beispielsweise Lehrer und Erzieher, die einen Zugang suchen, nur wenig Berührungspunkte mit der pädagogischen Theorie und Praxis, die sie schon kennen. Für manche womöglich eine zu hohe Hürde!

Diese Selbstgenügsamkeit zeigt sich auch in der Montessori-Literatur: Oft konzentriert sie sich auf die Erfassung, Ordnung, Reflexion und Systematisierung der Gedanken Maria Montessoris und hält sich bemerkenswert zurück, wenn es um die Auseinandersetzung mit heute diskutierten erziehungswissenschaftlichen Konzepten geht. Allenfalls werden neuere Theoretiker ins Spiel gebracht, um Übereinstimmungen mit Ideen Montessoris festzustellen und damit die Aktualität ihres Denkens zu belegen.[1] Umgekehrt wird das Konzept Montessoris im erziehungswissenschaftlichen Diskurs wohlwollend, aber wenig diskutiert zur Kenntnis genommen – und in den Fachdidaktiken findet es kaum einmal Erwähnung.

Schließlich ist noch ein Problem anzusprechen, das die Kooperation innerhalb der Montessori-Pädagogik betrifft: Vor allem in Ausbildungskursen bleiben Theorie und Praxis der Montessori-Pädagogik oft unverbunden nebeneinander stehen. Für viele Kursteilnehmer bleibt die Praxis dann bewusst-los, letztlich nicht einleuchtend begründet und in der beruflichen Anwendung ohne gute Kriterien eingesetzt; und die Theorie gerät leicht zum boden-losen Überbau, weil sie wenig Chancen hat, ihre Kraft und Stimmigkeit der praktischen Überprüfung auszusetzen.

Zusammenfassend halte ich fest, dass es in der gegenwärtigen Montessori-Pädagogik viel Zufriedenheit mit sich selbst und Wortkargheit gegenüber anderem gibt. Ich finde das beunruhigend. Gerät die Montessori-Pädagogik ins Abseits? Das wäre ein großer Verlust.

Zunächst einmal für die Montessori-Pädagogik selbst. Denn im selbst gewählten Winkel verschwindet die Fähigkeit, fruchtbar zu kooperieren. Ein Verlust an Beachtung und Bedeutung muss die notwendige Folge sein. Auch die Gefahr der Selbstverschlossenheit, ja Ideologisierung ist nicht auszuschließen. Und endlich fällt die Vergeudung von Arbeitskraft durch die schwach ausgebildete Zusammenarbeit mit den Didaktiken benachbarter Fächer schwer ins Gewicht.

Aber auch für Erziehungswissenschaften, Allgemeine Didaktik und Fachdidaktiken ist der mangelnde Kontakt mit der Montessori-Pädagogik durchaus als Einbuße an interessanten Perspektiven zu betrachten (wenn dies auch nur selten wahrgenommen wird!). Am deutlichsten zeigt sich dies immer dann, wenn in der erziehungswissenschaftlichen Diskussion der Gegenwart Positionen Montessoris vertreten werden, ohne sie eigentlich aufzugreifen, z. B. bei Dunckers Thesen zur Anthropologie der Schule (Duncker, 1996c) oder den personzentrierten Kon-

[1] Von diesen Beobachtungen sind allerdings die Arbeiten von Hildegard Holtstiege und Harald Ludwig explizit auszunehmen; durchgehend wird bei ihnen die Montessori-Pädagogik im Kontext heutiger Erziehungswissenschaft aufgenommen und diskutiert.

zepten der Friedenserziehung. (Vgl. Kapitel 9) Hier könnten sich Anlässe für vertiefende, weiterführende Gespräche ergeben.

Ich denke, Öffnung und Bewegung täten der Montessori-Pädagogik gut! Drei Vorschläge bieten sich an.

Zweifellos ist genaue Kenntnis der Tradition und Treue zum Werk ein unabdingbares Element in der Montessori-Rezeption. Aber sie ist in meinen Augen der *erste Schritt.* Als *zweiter Schritt* muss eine produktive, den Problemen, Fragestellungen und Einsichten unserer Zeit und Situation verpflichtete Reflexion hinzukommen. Wird dieser nicht getan, dann bleibt die Besinnung auf Maria Montessori in einer feierlichen, aber letztlich folgenlosen Rezitation des veröffentlichten Werks stecken. Ich meine, Montessoris eigenes Denken war in ihrer Zeit so fruchtbar – aber auch widerständig, dass es ihren genuinen Grundsätzen zuwiderläuft, ihre Gedanken einfach nur als „versiegelte Pakete, die niemand öffnet", weiter zu reichen. Sie selbst ging produktiv, weiterführend und widersprechend mit den Gedanken derer um, auf die sie sich bezog. Diese Freiheit und Produktivität des Denkens und Verarbeitens gehört zu den wichtigsten Denkbewegungen, die die Montessori-Pädagogik auslöst. Sie muss auch für die heutige Rezeption der Montessori-Pädagogik gelten!

Ich möchte aber noch einen Schritt weitergehen: An den Grundgedanken Montessoris sind viele ihrer einzelnen Vorschläge immer wieder kritisch zu prüfen. Wenn sie den Grundlinien ihrer Pädagogik widersprechen oder nicht mehr entsprechen, sind sie zu modifizieren, weiter zu führen oder möglicherweise anhand dieser Kriterien auch zu verwerfen.

Der erste Vorschlag wäre also die Empfehlung, die kritische Rezeption der Montessori-Pädagogik verstärkt voranzubringen.[2]

Besonders dringlich ist auch die Aufgabe einer intensiveren Verschränkung von Theorie und Praxis in der Montessori-Pädagogik. Ich plädiere

---

[2] Wichtige Anstöße finden sich bei Hildegard Holtstiege und Harald Ludwig. (Ludwig, 1999, v. a. 9ff)

dafür, dem Ansatz Hildegard Holtstieges folgend, noch deutlicher und entschiedener die Anthropologie als Zentrum der Montessori-Pädagogik zu identifizieren und sie beharrlich als Grundlage und Kriterium montessorididaktischer und -praktischer Arbeit im Blick zu behalten.

Als zweiten Vorschlag formuliere ich darum: Auf der Basis der Anthropologie noch intensiver Theorie und Praxis der Montessori-Pädagogik miteinander verschränken, nicht zuletzt in der Ausbildung.

Ein dritter Aspekt: Die Montessori-Pädagogik könnte ihre Wirksamkeit im Feld der Erziehung deutlich heraufsetzen, wenn sie intensiver das Gespräch mit Allgemeiner Didaktik und Fachdidaktiken aufnehmen würde. Eine solche Öffnung wird ihre Akzeptanz stärken, Theorie und Praxis um neue und interessante Fragestellungen anreichern und Arbeitskraft effektiv bündeln.

So lautet meine dritte Anregung: Den Dialog mit Allgemeiner Didaktik und Fachdidaktiken intensivieren.

Dieses Buch folgt der Spur der drei genannten Vorschläge. Es ist nicht als systematisch angelegtes Lehrwerk der Montessori-Pädagogik konzipiert, sondern als ein Buch, das zentrale Aspekte aus dem Denken und der Arbeit der großen Pädagogin in den Blick nimmt. Dabei will ich in der Regel nicht die „klassischen“ Themen erneut durcharbeiten, sondern nach Möglichkeit neue Fragestellungen wählen, die dann im Horizont der Montessori-Pädagogik bedacht werden (z. B. „Erziehen und Lernen als Seh-Schule“, „Mein Freund, der Fehler“ oder „Ganzheitlichkeit“). Damit können sich überraschend neue Durchblicke ergeben.

Einige Teile wurden bisher schon in Zeitschriften bzw. Sammelbänden zur Montessori-Pädagogik veröffentlicht und für dieses Buch noch einmal gründlich überarbeitet und weiter geführt.

Der *erste Teil* thematisiert die *Anthropologie* unter dem Aspekt der Kinder – und der Erzieher. Mir kommt es darauf an, dass die notwendige Neu-Orientierung nicht zuerst als Forderung und Belastung erscheint, sondern als Chance, vergessene Fähigkeiten und undeutlich gewordene Lebenslinien im gemeinsamen Lernen und Wachsen mit Kindern neu zu entdecken und auszuleben. – Im anthropologischen Kontext geht es auch um die *„Schaukraft der Liebe"*. Dieser Begriff meint bei Montessori nicht eine bestimmte Methode der Beobachtung, sondern eine Einstellung zum Leben: geduldige, intensive, leidenschaftlich interessierte Wahrnehmung der Mitwelt, aber auch der eigenen Person und anderer Menschen. Insofern kann „Schaukraft der Liebe" zu einer zentralen Deutungskategorie der Montessori-Pädagogik werden. In diesem Kapitel wird eigens auch das Gespräch mit den Erziehungswissenschaften gesucht, die seit einigen Jahren intensiv Erziehungsprobleme unter dem Aspekt der Wahrnehmungskompetenz diskutieren.

Der *zweite Teil* geht auf der Spur der anthropologischen Basis Erfahrungs- und Arbeitsfelder der Montessori-Pädagogik ab. Bei den hier versammelten Themen muss sich zeigen, ob es gelingt, Theorie und Praxis innerhalb der Montessori-Pädagogik zu verknüpfen. Exemplarisch seien Kapitel 5 – „Mein Freund, der Fehler" – und Kapitel 6 – „Freies Lernen – Freie Arbeit" – genannt. Hier kommt es darauf an, Montessoris Grundideen zur Anthropologie in die Praxis hinein zu buchstabieren, so dass auch Lehrer und Erzieher Anregungen für die tägliche Praxis mitnehmen können. Gleichzeitig wird auch hier der Dialog mit Erziehungswissenschaften und Fachdidaktiken aufgenommen – z. B. in den Kapiteln zur Werte- und zur Friedenserziehung (4 und 9), zur religiösen Erziehung (7) und zum „ganzheitlichen Lernen" (8). Schließlich bietet sich in diesem Teil ein Thema an, um die vorgeschlagene *kritische* Montessori-Rezeption zu erproben: die religiöse Erziehung. Die von Montessori selbst entwickelte konkrete Ausarbeitung als kirchlich-liturgische erweist sich als zu schmal und teilweise überholt. Es wird gezeigt, wie Grundsätze der Montessori-Pädagogik aufgenommen und in eine kritisch-konstruktive Weiterführung fortentwickelt werden können.

Die Konkretionen und Praxisbeispiele beziehen sich überwiegend auf die Schule; vieles wird sich unschwer auf andere Bereiche abbilden lassen.

Auf eine „weibliche“ Grammatik habe ich verzichtet; ich finde die Texte lesbarer und bin sicher, dass die Leserinnen sich stimmig angesprochen fühlen.

1 „Werden wie Kinder": Illusion, Holzweg oder Chance?

Kindsein heute und die Antwort Montessoris

1.1 Die Lebensumgebung von Kindern

„Werden wie Kinder" – der Autor dieses Satzes ist bekannt, ja prominent: Jesus von Nazaret. „Wenn ihr nicht werdet wie Kinder, wird der Himmel für euch nicht offen sein" – so hat er gemeint. Ob er allerdings das im Sinn hatte, was wir heute oftmals erleben, glaube ich nicht. Einige Bodenproben: Da wurden wir vor einiger Zeit beglückt mit einem – etwas abgewandelten – Kindervers: „Piep – piep – piep – Gildo hat euch alle lieb". Oder: In einer Game-Show leckt eine Teilnehmerin unter dem begeisterten Beifall der Anwesenden eine Rolltreppe ab – Lohn: 500 Mark. Oder ein Popduo unter dem Namen „Die Doofen" entzückt seine Zuhörer mit der Zeile „Ich bau dir ein Haus aus Schweinskopfsülze". Noch nie gab es die tägliche Einladung zur kollektiven Verblödung in so hohen Dosen. „Spiel ohne Grenzen" – so könnte man die Grundströmung unserer Tage vielleicht nennen: Alles ist Spiel, Fun ist alles, der letzte Kick muss her.

Aber: Ist die „Spaß-Gesellschaft" wirklich so lustig? Ein paar Schlagzeilen lassen aufhorchen: „Wir amüsieren uns zu Tode" behauptete der amerikanische Autor Neil Postman schon vor dreizehn Jahren. 1997 erschien die Untersuchung „Die kindliche Gesellschaft" von Robert Bly. Und bündig titelte der SPIEGEL „Die Tyrannei des Kindischen" (9/1997). Was macht die andere Seite der Fun- und Action-Gesellschaft aus?

- Für viele ist „Spaß" zum maßgeblichen Kriterium der Lebensgestaltung geworden. Dass man auch etwas einsetzen und wagen muss, um etwas zu erreichen, wird schnell vergessen.

- Immer größer wird der Anspruch sofortiger, bedingungsloser Bedürfnisbefriedigung. Dies wird noch verstärkt durch die Vorstellung, dass man immer mehr erreichen will, ohne viel dafür einzusetzen. Die Überzeugung, ein Recht auf Glück zu haben, scheint zu wachsen – Auszahlung sofort und hier!
- Die Ideologie der Herstellbarkeit von Allem setzt sich zunehmend durch.
- Die Flexibilität wird immer mehr zu einer Tyrannei – alles wird mobil, leicht zu verrücken, austauschbar. Früher gab es einmal den Ausdruck „verwurzeln“.
- Und schließlich denke ich auch daran, dass der Augenblick unermessliche Bedeutung erlangt, während die Zukunft eher verschwindet.

Alles sind Anzeichen einer rapiden Infantilisierung. Kritiker behaupten: „Immer mehr Enddreißiger verlängern ihre Jugend bis hart an die Grenze zum Vorruhestand“ (Spiegel 9/1997, 223).

1.2 Vernachlässigung und Missachtung von Kindern?

In aller Schärfe hat der amerikanische Schriftsteller Robert Bly in seinem viel beachteten Buch das Problem formuliert: In einer Erwachsenenwelt, die sich weigert, erwachsen zu werden, kommt es zur „Vernachlässigung und Missachtung von Kindern“. (Bly, 1997, 181ff) Klingt das nicht allzu penetrant nach einem sauertöpfischen Kulturpessimismus? Erscheint der Kritiker womöglich als oberlehrerhafter Spaßverderber? Mag sein. Aber wir müssen uns den Problemen stellen, einfach, weil wir es mit Erziehung zu tun haben und das heißt, Kinder und Jugendliche auf ihrem Weg zum Erwachsenwerden begleiten. Und das gelingt oft nicht besonders überzeugend, weil die Kinder immer weniger Erwachsene zu sehen bekommen. Vernachlässigung und Missachtung der Kinder kommt nicht durch bewusstes Handeln der Erwachsenen zustande, sondern durch Nicht-Da-Sein.

Konstatierte Neil Postman noch am Anfang der 80er Jahre das „Verschwinden der Kindheit“, so erkennen manche heute „das Verschwinden der Erwachsenen", den Untergang der Erwachsenenwelt in einem Meer an hektischer Unterhaltung, kindischen Spielchen, schwachsinniger Shows. Schon vor 30 Jahren notierte der Erziehungswissenschaftler Hartmut von Hentig:

> „*Die Erwachsenen entziehen sich (...) den Kindern – sich selbst, ihre Tätigkeiten, ihre Lebenssituationen. Sie bleiben der nächsten Generation ihre eigene wichtigste Kulturfunktion schuldig: sichtbares Modell für Ordnungen, Gefahren und Chancen zu sein, die die Kultur bietet. Ja, sie erscheinen Kindern und Jugendlichen nicht als Menschen, die ein wichtiges Leben mit wichtigen Aufgaben leben und darum keine Zeit für sie haben, sondern als (...) Anbeter von Werten, die sie im Grunde selbst nicht achten.*" (1972 in einer Preisrede auf Janus Korczak, in: Hentig 1987, 72f).

Und der Psychoanalytiker Erik Erikson warf wenig später die Frage auf, ob dem Jahrhundert des Kindes nicht ein „Jahrhundert des Erwachsenen" folgen müsse. (Erikson 1975, 137)

Kinder und Jugendliche werden heute materiell geradezu überschüttet; das Schlagwort von der „Verwöhngesellschaft" macht die Runde. Aber, so Bly: „Was die Jungen brauchen – Stabilität, Anwesenheit der Eltern, Zuwendung, Ratschläge, gute psychische Nahrung, unvergiftete Geschichten – ist genau das, was die kindische Gesellschaft ihnen nicht geben will." (Bly 1997, 183) Bly präzisiert:

- In einer Gesellschaft, in der es keine Geheimnisse mehr gibt, müssen Kinder „Dinge verdauen, die selbst Erwachsene unverdaulich finden; in den Talkshows werden alle Geheimnisse ausgeplaudert, bevor das Kind gelernt hat, dem Leben zu vertrauen oder sich Deutungen und Werte anzueignen". (Ebd., 184)
- Eine Gesellschaft, in der die Sprechkultur immer mehr verkümmert, enthält Kindern die Chance vor, eine Sprache für ihre Gefühle und Gedanken zu entwickeln; Bly erwähnt, dass es im Russischen ein Wort für „Seelen-Gespräch" gibt, das diesem Bedürfnis Rechnung trägt. (Ebd., 185)

- Eine Gesellschaft, die fernsehsüchtig ist, tut alles, um die Entwicklung der Kinder zu hemmen; „das Fernsehen ist das Contergan der neunziger Jahre“, behauptet Bly (Ebd., 192).

Das eingangs erwähnte „Werden wie Kinder – Illusion, Holzweg oder Chance?“ sieht bisher mehr nach „Holzweg“, denn nach „Chance“ aus. Denn allzu Viele sind offenbar vom Peter-Pan-Syndrom befallen, der Weigerung, erwachsen zu werden (Ehrensaft, 2000, 36ff). Nun kann man zwar niemand daran hindern, sich auf den Weg in die infantile Unterhaltungs- und Spaßgesellschaft zu machen. Aber sollte man dabei nicht wenigstens die Kinder in Ruhe lassen? Danach sieht es aber gar nicht aus, wie ein Blick in die Schule zeigt.

1.3 Gameshow im Klassenzimmer?

Nicht selten gewinnt man den Eindruck, dass die Gesetze der Unterhaltungs- und Spaßkultur schon längst Einzug in die Klassenzimmer gehalten haben: Ohne Fun und Action sind anscheinend Deutsch, Mathe oder Geschichte nicht mehr vermittelbar.

Da gibt es Spiele in allen Varianten, Quizfragen, Videos und Songs, Reigen und Tänze etc. Es ist nichts gegen neue Formen der Wissensvermittlung einzuwenden. Im Gegenteil. Aber viele dieser Aktionen haben mit „Ganzheitlichkeit“ und „Handlungsorientierung“ nicht mehr viel zu tun. Die Ergebnisse sind bekannt: „Im modernen Klassenzimmer werden Informationen als Wissen, Bilder als Ideen, Aufmerksamkeit als Konzentration, Betriebsamkeit als Stetigkeit und Gefühle als Wahrheit verkauft“.[1]

Diese Befunde könnten einige interessante Überlegungen anstoßen:

- Hektik und Unrast der Kinder werden bedauert. Man entwirft Programme zur Förderung der Langsamkeit, der Bedachtsamkeit. Aber: Trägt ein einseitiger Spaß- und Spiel-Unterricht vielleicht zu dieser

[1] So kommentierte Andrew Nikkiforuk das nordamerikanische Schulwesen. Zitiert in: R. Montessori, Von San Lorenzo in die Welt. In: DAS KIND 23/1998, 13.

Hektik bei? Brauchen wir womöglich gar keine neuen Programme, sondern sollten wir unsere Lernkonzepte überdenken?

- Beklagt wird auch die Passivität vieler Kinder und Jugendlicher im Blick auf schulisches Lernen: Die sogenannte Null-Bock-Mentalität wird an den Pranger gestellt. Man ersinnt Pläne zur Stärkung der Motivation, denkt sich Konzepte zur Verbesserung der Mitarbeit aus. Vielleicht wäre es besser, etwas radikaler zu fragen, z. B. so: Welche Möglichkeiten eigenaktiven, selbstbestimmten Arbeitens und Lernens haben Schüler im Unterricht? Wer so fragt, wird die Rede von der „Null-Bock-Mentalität" noch einmal überdenken.
- Schließlich klagt man auch über die Unruhe und mangelnde Disziplin vieler Kinder. Man entwirft differenzierte Techniken der Stille-Übungen, bietet Morgenkreise und Meditationssitzungen an. Es wäre sicher nicht schlecht, einmal über die Ursachen der unerwünschten Verhaltensweisen nachzudenken, anstatt die Symptome zu kurieren.

1.4 „Umkehr zum Kind" – Montessoris Alternative

„Werden wie Kinder" – offenbar sind wir dem Grund dieses Satzes bisher noch nicht näher gekommen. Wir müssen gründlicher, radikaler ansetzen und fragen: Sind unsere erzieherischen Bemühungen um das Kind eher vom Standort des Erwachsenen aus geplant – oder gehen wir vom Kind selbst aus, seinen Bedürfnissen und Fähigkeiten?

Schon vor fast 100 Jahren hat Maria Montessori diese Spannung erkannt und mit großer Entschiedenheit Stellung bezogen: Eine Erziehung, die am Erwachsenen und seiner Welt Maß nimmt, führt dazu, dass sich das Kind nicht zu einer eigenen Persönlichkeit entwickeln kann.

Aus diesem Grund verlangt Montessori, die Schule müsse eine „Schule des Kindes" sein, die ihre ganze Anstrengung darauf richtet, die Entwicklung des Kindes zu fördern. Leidenschaftlich fordert sie eine „Umkehr zum Kind". Ihrer Ansicht nach bedarf es keiner besonderen Programme zur besseren, effektiveren Unterweisung der Heranwachsenden. Das Kind muss nicht durch Erziehung „gebildet" oder „gefüllt“ werden. Denn: Kinder kennen ihren Weg, ja, sie sind Schöpfer ihrer eigenen Persönlichkeit. Dies begründet Montessori anthropologisch.

1.4.1 Die Anthropologie als pädagogische Grundlage

Montessoris Grundidee lässt sich dem folgenden Text entnehmen:

> *„Das Kind trägt nicht die verkleinerten Merkmale des Erwachsenen in sich, sondern in ihm wächst sein eigenes Leben, das seinen Sinn in sich selber hat (…) Das Kind allein ist der Bildner seiner Persönlichkeit. Schöpferischer Wille drängt es zur Entwicklung. (…) Alle Kräfte des kindlichen Lebens gehen den Weg, der zur inneren Vollendung führt.“* (14, 7, 12[2])
> *Sie betrachtet das Kind als „Schöpfer seiner selbst“, es „trägt Potentialitäten in sich, die seine Entwicklung bestimmen“.* (3, 52) *Um diesen Gedanken näher zu charakterisieren, führt Montessori den Begriff der „Nebule“ ein. Dieser Begriff kennzeichnet in der Sprache der Astronomie die Sternen-Nebel, „aus denen sich durch sukzessive Vorgänge die Himmelskörper gebildet haben“.* (Ebd., 73) *Anthropologisch gewendet meint „Nebule“ „die schöpferischen Energien, die das Kind anleiten, die ‚Umwelt zu absorbieren‘“.* (Ebd., 73) *Die Potentialitäten kommen also zur Geltung und Wirkung durch die Aneignung der kulturellen Umgebung.*

Um die Entwicklung des Kindes zu charakterisieren, wählt Maria Montessori den Begriff des psychischen Embryos: Der Mensch kommt als weltoffenes Wesen ins Leben und entwickelt in einem langen und intensiven Wachstumsprozess seine Potenziale. Dieses Wachstum verläuft nicht zufällig oder regellos, sondern folgt dem „inneren Bauplan“ eines jeden Kindes:

---

[2] Für die Werke Montessoris benutze ich, wie in der Sekundärliteratur üblich, einen Ziffernschlüssel; vgl. dazu das Literaturverzeichnis.

> *„In Wirklichkeit trägt das Kind den Schlüssel zu seinem rätselhaften individuellen Dasein von allem Anfang in sich. Es verfügt über einen inneren Bauplan der Seele und über vorbestimmte Richtlinien für seine Entwicklung.“* (15, 44)

Dieser Plan läuft nach den „sensiblen Phasen“ ab, den Perioden, in denen das Kind für die Aufnahme bestimmter Informationen und/oder den Erwerb bestimmter Fähigkeiten besonders aufgeschlossen und befähigt ist. Maria Montessori legt großen Wert darauf, dass Kinder sich nicht erst zu Menschen heranbilden, sondern von Anfang an Personen im vollen Sinn sind. In ihrer letzten Schrift „Über die Bildung des Menschen“[3] schreibt sie:

> *„Die menschliche Personalität ist zweifellos durch die aufeinanderfolgenden Entwicklungsstufen hin nur eine Einheit (…) In unseren letzten Lehrgängen nannten wir darum auch das Kind: Mensch.“ (10, 16f)*

1.4.2 Das Basis-Phänomen: Die „Polarisation der Aufmerksamkeit"

Der Prozess der Selbstschöpfung kann nur in Freiheit gelingen. Eines der eindrucksvollsten Beispiele dafür ist die „Polarisation der Aufmerksamkeit“. Immer wieder erzählte Montessori von der Erfahrung mit einem kleinen Mädchen, das so tief in seine Arbeit mit einem Material (mit dem Einsatzzylinderblock) versunken war, dass es sich durch nichts stören ließ. Als es seine Tätigkeit beendet hatte und sich glücklich umschaute, hatte es den Arbeitsablauf vierundvierzig Mal wiederholt.

Maria Montessori nannte diesen Vorgang *„Polarisation der Aufmerksamkeit“*. In der Literatur wird er auch oft als „Montessori-Phänomen“ bezeichnet. Montessori richtete ihre ganze Anstrengung darauf, Lernarrangements so zu gestalten, dass die Kinder möglichst oft zu dieser Konzentration kommen. Es war klar, dass die Polarisation der Aufmerk-

---

[3] Diese Schrift erschien 1949 als Fragment.

samkeit nicht durch beliebige äußere Reize auslösbar ist, Sie entsteht nur dann, wenn ein Angebot, ein Gegenstand oder eine Situation auf die innere Bereitschaft eines Kindes trifft. Die erzieherische Kunst besteht nun darin, dem Lernenden Gegenstände anzubieten, die

> *„in der Lage sind, die Aufmerksamkeit zu fesseln, die Intelligenz durch ständige Übung ihrer Energien reifen zu lassen und jene Phänomene der Ausdauer in der Beschäftigung und der Geduld zu erzeugen, die dann wieder die Beweglichkeit, das psychische Gleichgewicht und die Fähigkeit zur Abstraktion und zur spontanen Schaffenskraft erhöhen.“* (2, 84)

Dies führt dann zu einer „beständigen Reaktion im Sinne einer geistigen Gewohnheit.“ (Holtstiege, 1987, 59) Die Hinweise zeigen, dass für Maria Montessori die Polarisation der Aufmerksamkeit unendlich viel mehr bedeutet als ein kognitiver Vorgang zur Steigerung der intellektuellen Aufnahmefähigkeit. Sie war überzeugt, dass hierin ein Schlüssel zur Entfaltung und Festigung der geistigen und psychischen Kräfte gefunden war: Kinder, die immer wieder diesen Konzentrationsprozess erfahren, entdecken ihre eigene Stärke, nehmen sich als Subjekt in ihrer Arbeit wahr, werden zu einer starken Selbstdisziplin fähig und finden sich selbst. Fast hymnisch spricht sie von „Offenbarung“ des eigenen Selbst, von ‚innerer Bildung‘, von einem „normalen Anfang des inneren Lebens“, von „Normalisierung“. (Z. B. 1, 34; 2, 297ff; 3, 173ff, 199ff)

Dieser Schlüsselbegriff im Denken Maria Montessoris kann leicht Missverständnisse auslösen. Assoziationen an eine „normative Pädagogik“ stellen sich ein, in der gesellschaftlich vorgegeben wird, was als „normal“ zu gelten hat. Unter diesem Vorzeichen wäre „Normalisierung“ nichts anderes als Anpassung an fremd bestimmte Normen. Montessori meint etwas ganz Anderes: In ihrer Sicht ist ein Kind „normalisiert“, wenn es sich von ihm fremden Normen befreit und sich im Einklang mit seiner eigenen Person entwickelt – in heutiger Sprache: Wenn es ein stimmiges Selbstkonzept gefunden hat und dies auch ausleben kann.

1.4.3 „Indirekte Erziehung" - das Herzstück der Montessori-Pädagogik

Wie kann sich nun ein solcher Entwicklungsprozess entfalten? Welchen Beitrag kann Erziehung leisten? Montessoris Denken über die Erziehung ist geprägt von tiefem Respekt vor der Person des Kindes. Zur Verdeutlichung verwendet sie auch die Begriffe „*Zentrum*“ und „*Peripherie*“[4]. Das „Zentrum“ ist die Mitte der Persönlichkeit, der Ort der Lebensdynamik, das „Geheimnis des Kindes“, das der Erwachsene nicht antasten darf.

> „*Es gibt tiefere Bedürfnisse, bei denen der Mensch mit sich allein sein muss, getrennt von allem und allen, hingegeben einer geheimnisvollen Arbeit.*“ (4, 42)

Darum muss unverbrüchlich gelten: „Wir haben uns mit den Dingen, die im Zentrum vorgehen, nicht zu befassen.“ (Böhm, 1990, 42) Eine interessante Parallele fand ich in einem Buch der amerikanischen Psychologin Diane Ehrensaft. Eltern, schreibt sie, mischten sich oft in extremem Maße in das Leben ihrer Kinder ein.

> „*Sie haben immer jemanden vor der Nase, werden angetrieben und verhätschelt und haben nie Gelegenheit, allein und unbehindert – in einer ‚haltenden Umgebung‘ – die Macht des ‚Eigenen‘ zu erleben.*“ (Ehrensaft, 2000, 209)

Ohne Freiräume haben Kinder wenig Chancen, sich selbständig mit ihren Problemen zu beschäftigen und Lösungen zu finden. Montessori ist überzeugt, dass der entscheidende Lernvorgang nicht durch direkte Belehrung des Kindes zustande kommt:

---

[4] Vgl. dazu ihren Text: Das Zentrum und die Peripherie von 1922, abgedruckt in: Böhm, 1990, 41–44.

> *„Wir müssen deshalb als erzieherisches Problem nicht die Suche nach Mitteln zur Organisation der inneren Persönlichkeit des Kindes und zur Entwicklung seiner einzelnen Charaktereigenschaften stellen; sondern nur das Problem, dem Kind die ihm notwendige* Nahrung *zu vermitteln.“* (2, 72)

a. Die vorbereitete Umgebung

Eine solche Nahrung stellt die vorbereitete Umgebung dar.

> *„Durch die Achtung vor seiner schöpferischen Aufgabe, durch das Vorbereiten einer offenbarenden Umwelt werden die Kräfte im Kind gesammelt.“* (14, 25)

Hier stoßen wir auf einen für die Montessori-Pädagogik höchst bedeutungsvollen Aspekt: Die offenbarende Umwelt. Der Begriff der „offenbarenden“ oder „vorbereiteten“ Umgebung basiert auf dem Gedanken, dass sich das Kind durch die aktive, produktive Beziehung seiner Potentialitäten zu seiner Umwelt entwickelt und dass sich ihm dabei immer neue Bereiche und Strukturen der Wirklichkeit öffnen. Die Aufgabe der Erziehung ist es, diese Umwelt so auszugestalten, dass von ihr – entsprechend den sensiblen Phasen des Kindes – optimale Lern- und Wachstumsanreize ausgehen. Dies bezeichnet Maria Montessori als *„vorbereitete Umgebung“*. Ihre Bereitstellung ist die *Grundaufgabe* der indirekten Erziehung in der Montessori-Pädagogik.

Die vorbereitete Umgebung soll das Kind anregen und in den Stand versetzen, seinen Lerninteressen nachzugehen. Dazu bedarf es zunächst einer Ausgestaltung, die den Lebensverhältnissen der Kinder angemessen ist: leichte, bewegliche Möbel, die ihren Bewegungsdrang nicht einengen und deren Anordnung je nach Bedürfnislage verändert werden kann.

Alle Gegenstände müssen so beschaffen und angeordnet sein, dass sie die Selbständigkeit des Kindes fördern. Dazu gehört vor allem auch die Übersichtlichkeit und Ordnung. Holtstiege spricht in diesem Zusammenhang von „einfacher Struktur“ (Holtstiege, 1994, 130).

Ferner genügt nicht die Bereitstellung von „Gegenständen irgendwelcher Art, sondern es muss eine Umgebung von ‚progressiven Interessen‘

gestaltet werden“ (3, 185), d. h. die Materialien müssen so ausgewählt werden, dass sie auf die wechselnden und aufeinander aufbauenden sensiblen Phasen des Kindes bezogen sind und sie entsprechend stimulieren.

Die vorbereitete Umgebung muss so gestaltet sein, dass sie vielfältige Anregungen zu den verschiedensten Aktivitäten bietet. Montessori sagt einmal, die Gegenstände in der vorbereiteten Umgebung hätten „Stimmen, welche die Aufmerksamkeit des Kindes auf sich ziehen und es zum Handeln anregen“. (1, 95)

Ein Vergleich der „Lebens-Umgebung“, in der das Kind sich vorfindet (ich habe sie im ersten Teil dieses Kapitels skizziert), und der „vorbereiten Lernumgebung“ gibt Aufschluss über die unterschiedlichen Erfahrungs- und Entwicklungschancen:

Lebensumgebung	Vorbereitete Umgebung
Zerstreuend	Konzentrationsfördernd
Zum passiven Konsum verführend	Aktivitätsfördernd
Verwirrend	Klar, durchschaubar
Führt zu Fremdbestimmung	Ermöglicht Selbstbestimmung.

Das Konzept der vorbereiteten Umgebung soll noch gegen ein mögliches Missverständnis geschützt werden: Keineswegs handelt es sich um eine Art behüteter Spielwiese im Schonraum Schule, sondern darum, die für die selbständige Entwicklung notwendigen Bedingungen bereit zustellen. Dieser Prozess setzt das Kind in die Lage, seine Lebenswelt selbstbestimmt und lebensdienlich zu gestalten.

b. Die freie Wahl

„Die Kinder in Ruhe lassen, sie nicht in ihrer Wahl und spontanen Aktivitäten hemmen – das ist alles, was man (vom Erziehenden – HKB) verlangt“. (14, 43) Diese Sätze haben gelegentlich das Vorurteil befördert, die Montessori-Pädagogik sei eben doch eine laissez-faire-Aktion, in der die Kinder sich selbst überlassen bleiben. Ein Missverständnis. Montessori betont immer wieder, dass der Aufbau der Person nur gelingt, wenn das Kind in Freiheit wachsen kann. Freie Wahl der Arbeit ist das entscheidende Stichwort. Denn: Kinder kennen ihren Weg, sie wissen, was sie zur Entwicklung brauchen. In einem ihrer letzten Vorträge erklärt Maria Montessori: „Die freie Wahl war das erste der Vorrechte in meinem Erziehungskonzept (…) Die Freiheit der Wahl führt zur Würde des Menschen". (16, 122) Und in einem anderen Zusammenhang führt sie aus, dass die Möglichkeit, ja Notwendigkeit, dass Kinder immer wieder im Prozess des freien Lernens Entscheidungen treffen, ein entscheidender Wachstumsanreiz ist:

> *„Die konstante Arbeit, die ihre Persönlichkeit aufbaut, gewinnt ihren ganzen Antrieb aus Entscheidungen und tritt so an die Stelle des anfänglichen chaotischen Zustandes, in dem die Handlungen dagegen nur von Impulsen angetrieben wurden. In ihnen entwickelt sich ein willensstarkes Leben."* (2, 175)

„Impulse" haben für Montessori in diesem Zusammenhang eine negative Konnotation, sie meint damit offenbar zwei Formen von Außensteuerung: *Einmal* geht es um alle Handlungen, mit denen Erwachsene Kinder lenken und leiten, letztlich mit dem Ziel, diese nach ihrem Bild zu formen. Nach Montessoris Wahrnehmung und Überzeugung orientiert sich die traditionelle Erziehung grundsätzlich an diesem Handlungsmuster und hindert so Kinder strukturell an der freien Entwicklung ihrer Möglichkeiten. Die *andere* Form der Außensteuerung bezieht sich auf Ablenkungen und Zerstreuungen, denen das Kind in einer auf kurzweilige Unterhaltung und zerstreuendes Spiel gerichteten Umgebung ausgesetzt ist.

Als Ergebnis solcher „Impulse" erkennt Montessori den „fehlgeschlagenen Menschen" (11, 17), der seine eigene Person nicht finden kann und seinen eigenen Weg verfehlt. Solche Abweichungen bezeichnet Montessori als „Deviationen". Vor allem in den Vorträgen zum Thema „Frieden und Erziehung" (47, 81ff) hat sie eindringlich die Folgen von Deviationen beschrieben: Menschen mit Deviationen, „fehlgeschlagene Menschen" sind orientierungslos, hilflos gegenüber Fremdeinflüssen, ängstlich, mit Gefühlen der Minderwertigkeit behaftet, was immer mehr als Normalzustand wahrgenommen wird.

Den lebensnotwendigen Prozess der Behebung von Deviationen nennt Montessori „Normalisierung“, d. h. zum eigenen Selbstkonzept zu finden. Das kann nicht von außen durch Erziehung an das Kind herangetragen werden, sondern muss vom ihm selbst ausgehen, insbesondere im Prozess der freien Wahl. Diese ist in Montessoris Sicht nichts anderes als ein Arbeits-, Übungs- und Entwicklungsfeld für die Bildung und die wachsende Selbständigkeit der Person. Montessori ist die Wahlfreiheit des Kindes so wichtig, dass sie einmal fordert: „Es muss absolute Wahlfreiheit haben.“ (4, 40) Solche Aussagen haben immer wieder das Missverständnis provoziert, in der Montessori-Pädagogik gehe es um eine völlig beliebige Beschäftigung der Lernenden mit willkürlich herausgesuchten Inhalten. Das ist aber keineswegs der Fall. Die indirekte Erziehung hat gerade die Aufgabe, dem Kind die für den Entwicklungsprozess notwendige „Nahrung“ zur Verfügung zu stellen. Montessori schränkt daher diese radikale Aussage ein. Sie unterstreicht „die Freiheit zu handeln in einer vorbereiteten Umgebung, in der das Kind auf intelligente Weise aktiv sein kann.“ (4, 54)

Die Erziehung hat dafür förderliche Rahmenbedingungen bereit zu stellen: Im Unterricht kommt es darauf an, alle mit dem „freien Lernen“ in der vorbereiteten Umgebung verbundenen Lernchancen nach Kräften auszunutzen und zu befördern. Denn sie zielen letztlich darauf, die Heranwachsenden beim Aufbau von Ich-Stärke zu unterstützen, ihre Fähigkeit zur Zuversicht und Selbstannahme zu begünstigen.

1.4.4 Ist Montessoris Menschenbild (allzu) optimistisch?

Die Frage nach der inhaltlichen Qualität des Menschenbildes bei Maria Montessori hat schon früh die Diskussion angefacht. Sie selbst schreibt 1922 in ihrem „Handbuch“:

> *„Die alte philosophische Streitfrage, ob der Mensch von Geburt an gut oder böse ist, wird oft in Verbindung mit meiner Methode aufgeworfen, und viele sind darum für sie eingetreten, weil sie ein Beweis für das natürliche Gutsein des Menschen sei.“* (23, 113f)

Montessori hat sich eigentlich nie im Zusammenhang auf die so gestellte Frage eingelassen. Immer wieder scheint in ihren Arbeiten auf, dass sie mit der „Doppelnatur des Menschen“ rechnet. Sie spricht von der Natur des „Menschen der Schöpfung“ und „des gefallenen Menschen“ (z. B. 15, 157f). Realistisch rechnet sie mit der „Neigung zum Bösen“. Letztlich diskutiert sie die Frage nach Gut und Böse nicht als moralische Kategorien, sondern im Kontext gelingenden Menschseins in der Welt. Bündig stellt sie fest: „Das Gute bedeutet Leben; das Böse bedeutet Tod“. (2, 319) Da sie mit allem Nachdruck nach den Kräften fragt, die das Leben fördern, tritt das Gute, Lebensdienliche in ihrem Denken so deutlich hervor.

1.4.5 Die „Anthropologie der Schule" in der erziehungswissenschaftlichen Debatte

In der neueren schultheoretischen Diskussion zeigt sich teilweise eine veränderte Sichtweise. In den letzten Jahren ist ein zunehmendes Interesse zu beobachten, Schule und Lernen vom Kind her zu begründen; Stärkung der selbst bestimmten Entwicklung, Hilfe beim Aufbau eines schlüsselfähigern Selbstkonzepts rücken in der Mittelpunkt. Dieser Ansatz wird gegenwärtig u. a. von dem Erziehungswissenschaftler Ludwig Duncker aufgegriffen. Unter Rückgriff auf Langeveld und Giel plädiert er in seinen Studien zur „Anthropologie der Schule“ dafür, Schule nicht – wie weithin üblich – unter soziologischem Aspekt als eine „Funktion der Gesellschaft“ im Interesse ihrer Reproduktion zu verstehen, sondern als Ort, in dem Kinder auf den Weg der Entfaltung ihrer Kräfte kommen. Ich skizziere einige Grundgedanken seiner „Anthropologie der Schule“ in aller Kürze (Duncker 1996a):

- Schule ist nicht als „Funktion der Gesellschaft“ zu begreifen, sondern als „Weg des Kindes“.
- Der Weg des Kindes verläuft in der Dialektik von „Individuation“ und „Enkulturation“.
- Individuation meint den Prozess der Personwerdung. „Bildung (...) entfaltet in umfassender Weise den Kern eines Menschen, ohne von

vornherein darauf zu achten, welche Momente letztlich in Zwecke übergehen können und nützlich werden.“ (Ebd., 11)

- In der Enkulturation geht es nicht einfach um eine Reproduktion der Kultur, sondern auch um Veränderung und Innovation.
- Bei einer anthropologisch geprägten Sicht der Schule richtet sich das Interesse auf das Kind und seine (noch nicht festgelegten) Potenziale; damit wird „die nachwachsende Generation als Hoffnungsträger entdeckt. Individuation und Persönlichkeitsentfaltung sind deshalb auch Ausdruck einer noch nicht vollständigen Vereinnahmung in und durch Funktion.“ (Ebd., 12)

Schule ist also daraufhin zu befragen, welchen Beitrag sie dem Kind auf dem Weg seiner Personwerdung in der Kultur anbieten kann.

1.5 Pädagogik vom Kind her – eine freudlose Veranstaltung?

Im Rückblick auf die kritischen Anmerkungen zur Spaß-Gesellschaft könnte der Eindruck entstehen, in einer von Montessori angestoßenen „Pädagogik vom Kind her“ ginge es um eine sehr ernsthafte, ja freudlose Veranstaltung. Ist nicht auch der Spaß der Schüler ein wichtiges Indiz im Blick auf den Erfolg Freien Lernens?

Ganz sicher sind sauertöpfische und gelangweilte Kinder ein Hinweis darauf, dass der gedachte Lernprozess ihre Interessen und Bedürfnisse nicht anspricht. Und Spaß ist allemal ein Zeichen für Interesse und Beteiligung. Aber auch hier lasse ich mich wieder von Montessori zu einer genaueren, strengeren Sichtweise anregen. Sie differenziert sehr deutlich zwischen punktuellem, kurzfristigen Vergnügen und „richtiger“ Freude. Kurzfristiges Vergnügen kann durch alle möglichen Anreize stimuliert werden: durch Belohnungen, Spielen, Unterhaltung. Aber sie weist immer wieder darauf hin, dass Kinder, die ihr Selbstkonzept entwickelt haben, diese Art von Kurzweil nicht mehr brauchen. Und sie schreibt, dass ein Kind, das – statt einer Unmenge von Spielzeug – Mittel zur Anregung seiner Intelligenz zur Verfügung hat und womöglich zur „Polarisation der Aufmerksamkeit“ gelangt, von tiefer Freude erfüllt ist, die nicht gleich wieder verfliegt, denn „seine eigene Selbstentwicklung ist sein wahres und nahezu einziges Vergnügen." (24, 10)

Der geschilderte Prozess der Erneuerung der Erziehung und Entwicklung kann die Person des Erziehenden nicht übergehen. Davon handelt das zweite Kapitel.

2 Als Montessori-Erzieher arbeiten

Chancen zur Neuorientierung und Selbstfindung

2.1 Erzieher – bei Montessori nicht gefragt?

Einer der aufregendsten Sätze über die Aufgaben des Erziehers hat Montessori 1930 in einem Aufsatz für die Zeitschrift „Die neue Erziehung" formuliert:

> *„Die Kinder in Ruhe lassen, sie nicht in ihrer Wahl und spontanen Aktivitäten hemmen – das ist alles, was man verlangt. Gerade an diesem Mangel an Einfluss der Erwachsenen, den man für unerlässlich hielt, kommt es auch auf dem Gebiet der Kultur zu wirklichen Riesenschritten."* (14, 43)

Wie begründet Montessori diesen – bereits in Kapitel 1 angesprochenen – provokanten Satz? Zum *einen* ist sie überzeugt, dass Erwachsene weder berechtigt noch befähigt sind, Kinder erziehend nach ihrem Bild zu formen, weil sie selbst ungefestigte Personen mit destruktiven Zügen sind. Zum *anderen* geht sie davon aus, dass Kinder keine Erziehung im traditionellen Sinn benötigen, weil sie ihren Weg zur Entwicklung ihrer Persönlichkeit kennen und aus eigener Kraft gehen können. Weil es in Montessoris Sicht die Erwachsenen sind, die die selbstbestimmte Entwicklung stören oder gar zerstören, formuliert sie ihre Forderung so radikal.

Montessori geht es nicht um die Abschaffung der Erzieher-Rolle, aber um eine umfassende und radikale Neuorientierung. Die notwendige Verhaltensänderung „ist nicht zu erreichen durch das Studium psychologischer oder pädagogischer Wissenschaft, sondern allein durch *innere Einkehr*" (14, 17). Damit beabsichtigt Montessori keine Abwertung der wissenschaftlichen Erziehungslehre. Durch den Begriff der Einkehr oder auch Umkehr möchte sie aber deutlich machen, dass es um radikale Erneuerung der Beziehungen geht.

Am Anfang muss die Einsicht der Erziehenden in die eigenen Fehler stehen. Der „innere Zustand" der Erwachsenen im Blick auf das Kind ist nach Maria Montessori gekennzeichnet durch Herrschaftsstreben, Hochmut und Zorn – Eigenschaften, die gründlich verhindern, dass das Kind sich selbst finden und aufbauen kann. Erst dann wird es möglich sein, schrittweise eine „neue Beziehungsstruktur" zwischen Erwachsenen und Kindern einzuleiten. (Holtstiege, 1991, 38ff)

Wie ist eine solche erneuerte Beziehung zu denken? Die erste Antwort, die Montessori gibt, ist überraschend, ergibt sich aber konsequent aus den bisher vorgelegten Gedanken: Nicht das Kind ist erziehungsbedürftig, sondern der Erwachsene! Und: Nicht die Kinder lernen von den Lehrern, sondern die Lehrer von den Kindern! Immer wieder betont sie, dass die Kinder in Wahrheit die „Lehrmeister" der Erwachsenen sind. Diese Gedanken hat Montessori vor allem im Blick auf die religiöse Erziehung und die Friedenserziehung entfaltet.

Erst an zweiter Stelle beginnt Montessori nun, das Erziehungswerk der Erwachsenen in den Blick zu nehmen. Auch hier setzt sie mit einem überraschenden Gedanken ein. Sie spricht zunächst nicht von wünschenswerten Aktivitäten der Erzieher, sondern davon, was sie *nicht* tun sollen! Die *erste Grundaufgabe* der Erziehung in der Montessori-Pädagogik ist also negativ zu bestimmen. Montessori entfaltet sie unter drei Aspekten:

- Grundlegend ist, dass der Lehrer die „*Honoratiorenrobe*" ablegt, d. h. die hochmütige Neigung, sich selbst für fehlerfrei zu halten (15, 155), denn sie verstellt ihm den Weg zur Erkenntnis des Kindes und zur Anerkennung seiner Würde und Rechte.
- Als zweites ist die *Rücknahme der gewohnten Aktivität* des Erziehers anzusprechen.
- Und schließlich: „Der Erwachsene muss eine viel bescheidenere Haltung haben. Seine *Autorität* muss er der schöpferischen Natur des Kindes opfern. Es ist für das Kind notwendig zu wachsen, und für die Autorität des Erwachsenen, sich zu vermindern." (14, 48)

Zugespitzt bedeutet das, dass der Erzieher die Rolle eines *Dieners* des sich im Kind entwickelnden Geistes annehmen soll. (Vgl. 3, 253ff) Dabei ist allerdings eine genaue Differenzierung wichtig: Kindern dienen heißt nicht, sie zu bedienen! „Wer *bedient* wird, statt dass man ihm *hilft*, nimmt in gewissem Sinn an seiner Unabhängigkeit Schaden.“ (14, 65) Diese Einsicht über wohlmeinenden, aber schädlichen „Servilismus“ zieht weit reichende Folgen für Erziehung und Unterricht nach sich!

Aber das ist natürlich nicht alles, was Maria Montessori über die neue Rolle des Erziehers zu sagen hat. Der Erzieher soll sich von dem Grundsatz leiten lassen, den sie einem Kind in den Mund legt: „Hilf mir, es allein zu tun.“ (Vgl. z. B. 13, 102) In anderer Version lautet der Satz – vielleicht noch treffender: „Hilf mir, mir selbst zu helfen.“ (5, 127) Dieser Satz weist darauf hin, dass die Zurücknahme der Aktivität des Erwachsenen keineswegs ein passives Verhalten nach sich zieht. Programmatisch formuliert Montessori:

> *„Die Freiheit des Kindes kann nicht darin bestehen, dass wir es ‚sich selbst überlassen‘, oder es gar vernachlässigen. Nicht durch gleichgültige Untätigkeit helfen wir der kindlichen Seele bei allen Schwierigkeiten ihrer Entwicklung, sondern wir müssen ihr mit Umsicht und liebevoller Sorge beistehen.“* (6, 37)

Oder – in anderem Zusammenhang über den Selbstaufbau der Person:

> *„Wir müssen zu dieser Entwicklung, zu dieser wunderbaren Kraft die notwendige Hilfe geben. Sie verlangt Herzenswärme, sie verlangt Verstehen. Lasst uns diese Hilfe Erziehung nennen“*. (6, 84)

Wie kann diese Erziehung aussehen?

2.2 Die vorbereitete Umgebung bereit stellen – indirekte Erziehung

Wie schon in Kapitel 1 ausgeführt, versteht Montessori Erziehung als unterstützendes Mit-Gehen auf dem Weg des Kindes zu sich selbst: Erziehung ist indirekte Erziehung. Noch einmal das Schlüsselzitat: „Durch die Achtung vor seiner schöpferischen Aufgabe, durch das Vorbereiten einer offenbarenden Umwelt werden die Kräfte im Kind gesammelt." (14, 25)

Darum bezeichnet es Montessori in ihren Gedanken darüber, wie ein Montessori-Lehrer sein sollte, als fundamentale Aufgabe, „Hüter und Wächter der Umgebung" zu sein. (20, 139)

Grundlegende Aspekte der vorbereiteten Umgebung habe ich in Kapitel 1 notiert; dort finden sich auch Hinweise auf die Kapitel, in denen die Ideen weiter entfaltet und konkretisiert werden.

2.3 „Hilf mir, es selbst zu tun!" – direkte Erziehung

2.3.1 Der pädagogische Ansatz

Wenn auch die *indirekte Erziehung* als Basis der Montessori-Pädagogik gelten muss, bleiben doch auch Aufgaben *direkter Erziehung* im Rahmen der vorbereiteten Umgebung. Erziehung als helfende Begleitung zielt letztlich darauf, dass die Heranwachsenden die Möglichkeit haben, ihr eigenes Wachstum bewusst wahrzunehmen.

Auf den ersten Blick zeigt sich hier ein Widerspruch zu Montessoris These, dass Kinder „ihren Weg kennen", d. h. über ihre eigenen, unverwechselbaren Fähigkeiten, ihre „Potenzialitäten" Bescheid wissen und die stimmigen Wege zur Einlösung ihrer Lebenschancen überblicken. Aber dieses Wissen ist oft verschüttet. Montessori bezeichnet das – wie schon besprochen – als „Deviationen".

Ein paar Beispiele dafür:

- Kinder, die immer wieder entmutigt und gedemütigt werden, verlieren die Zuversicht, dass sie wertvolle und unverwechselbare Persönlichkeiten sind.

- Kinder, die von den Zerstreuungen der Unterhaltungsindustrie irritiert sind, verlieren ihren eigenen Weg aus den Augen, indem sie sich etwa nur noch auf Sachen mit Fun-Wert einlassen.
- Kinder, die darauf getrimmt worden sind, nur noch auf Anweisung zu arbeiten, verlieren die Fähigkeit, selbst bestimmt zu arbeiten.

Es ist vielleicht eine der schwersten Aufgaben, ihnen bei der (Wieder-) Entdeckung ihrer Chancen und Wege behilflich zu sein. Grundsätzlich gilt: Kinder brauchen dringend viele Gelegenheiten, pädagogische Anlässe, in denen sie ihre Fähigkeiten, ihren eigenen Weg, die Stärke ihrer Person kennen lernen können. Mögliche Felder solcher Entdeckungsreisen können die Freie Arbeit, die Werteerziehung, die Entwicklung einer Fehlerkultur, aber auch die religiöse Erziehung und die Friedenserziehung sein – in den entsprechenden Kapiteln werden dazu praktische Vorschläge gemacht.

Damit das gelingen kann, müssen gewisse Voraussetzungen beachtet werden:

Es ist nötig, das Kind so zu akzeptieren, wie es ist. Im Zusammenhang mit der besprochenen Neuausrichtung der pädagogischen Rolle erscheint das eigentlich selbstverständlich – und doch muss sich der Grundsatz in der Begegnung mit dem einzelnen, konkreten Kind immer wieder der Nagelprobe aussetzen.

Vielleicht kann der in den letzten Jahren stark beachtete Ansatz der systemisch orientierten Psychologie und Pädagogik dabei unterstützen. Er arbeitet mit folgenden Grundannahmen (vgl. dazu Vail 1998, 135–153 oder Reich 2000):

- Das einzelne Phänomen – eine Person, ein Gedanke, ein Gegenstand, eine Gruppe etc. – wird nicht isoliert, sondern in seinem Zusammenhang („System") wahrgenommen.
- In diesem „System" ist lineares, kausales Denken nicht gefragt. Es geht darum, dass alles miteinander verbunden, voneinander abhängig ist.
- Damit werden auch traditionelle Rollen fragwürdig: Es gibt – im pädagogischen Kontext – nicht den Wissenden (Erzieher, Lehrer) oder den *einen* Verursacher von Kommunikation. Alle sind herausgefordert, ihren Beitrag zu überdenken.

- Systemisches Denken will „anerkennen, was ist", so auch der Titel eines Buches des Systemtherapeuten Bert Hellinger (1996). Es geht darum, das Gegenüber in seinem So-Sein zu erkennen und zu akzeptieren, ohne die Absicht, es zu verändern, nach einem bestimmten Bild umzuformen.
- Leitend ist eine positive Denk- und Sichtweise, die die besonderen Fähigkeiten und Stärken aufsucht und sie auch der Person bewusst machen will.
- Solche produktiven Energien können dann zur positiven Veränderung eingesetzt werden. Dabei kommt es darauf an, dass der Berater keine Entwicklungsrichtung, keinen Lösungsweg vorgibt, sondern dass die Person selbst entdeckt, wie sie ihre Kräfte zur Wirkung bringen kann.

Die Beziehungen des systemischen Denkens zur Montessori-Pädagogik liegen auf der Hand. Es kann dem Montessori-Erzieher helfen, die Motive und Richtungen seiner direkten Erziehungsarbeit zu klären.

Als *zweite Voraussetzung* einer gelingenden direkten Erziehung muss gelten: Die „Schaukraft der Liebe" entwickeln. Immer wieder beschäftigt sich Montessori mit dem Sehen – man könnte das Sehen geradezu als personale Kategorie, als Schlüsselbegriff zum Verständnis vieler Vorgänge im Kontext ihres Denkens auffassen. Im Vorgriff auf das folgende Kapitel 3, in dem ich versuche, diesen Gedanken im Zusammenhang zu entfalten, sei nur eine kurze Passage aus ihrem Vortrag „Abrüstung in der Erziehung" angeführt, den sie 1945 in Indien gehalten hat:

> *„Jemand, der einen anderen liebt, findet in ihm alles Gute, was nur möglich ist – nicht nur offensichtliche Vorzüge, sondern auch verborgene Tugenden. Man könnte sagen, dass ein Liebender ein Zweites Gesicht hat und liebenswerte Eigenschaften sieht, die andere nicht bemerken.*" (17, 11)

Nur wer sich darauf einlassen kann und will, kann sich ernsthaft vornehmen, Kinder zu erziehen. Allerdings darf man sich mit der Orientierung an diesen Grundsätzen nicht zufrieden geben. Montessori bemerkt:

> *„Die wahre Hilfe, die eine Lehrerin geben kann, liegt nicht im Befolgen eines impulsiven Gefühls, sondern entspricht der disziplinierten Liebe, die mit Verstand angewandt wird.“* (3, 253)

Versuchen wir also eine reflektierte Entfaltung.

2.3.2 Vier Grundaufgaben der direkten Erziehung

In der folgenden Übersicht stelle ich einige Aufgaben zusammen, die Maria Montessori im Blick auf das Kinderhaus bzw. für das Grundschulalter formuliert hat. Nicht alles wird sich unter den Bedingungen der Schule, vor allem der Regelschule, einlösen lassen. Aber die Aufgaben können jedenfalls die Richtung für Veränderungen und neue Verhaltensweisen angeben; vier davon will ich besonders hervorheben:

a. Warten und Beobachten

In ihrem Werk „Schule des Kindes“ schreibt Maria Montessori über die neue Rolle des Pädagogen/der Pädagogin:

> *„Statt des Redens muss sie das Schweigen lernen; statt zu unterrichten, muss sie beobachten; statt der stolzen Würde dessen, der unfehlbar erscheinen will, muss sie das Kleid der Demut anlegen.“* (122f)

Es geht darum, die Arbeit des Kindes voller Konzentration und Teilnahme zu beobachten, um seine Sensibilitäten wahrzunehmen, Stärken und Schwächen kennen zu lernen, Schlüsse zu ziehen.

Hier ist kein neutrales, distanziertes Beobachten gemeint, das das Kind als „Versuchsperson“ einordnet, sondern eine von Liebe geleitete, „teilnehmende Beobachtung“. Sie hat eine spezifische Qualität und Sichtweise:

> *„Ein Mensch, der nicht liebt, sieht nur die Fehler bei den anderen (...) Doch nur wer liebt, ist ein wirklich Sehender, und nur er kann die zarten Offenbarungen des Kindes sehen und verstehen, und nur vor ihm*

wird ein Kind seine wahre Natur zeigen können." (14, 22. Vgl. dazu v. a. auch Holtstiege, 1999b)

b. Anregen

Auch der Erzieher muss sich als ein Teil der vorbereiteten Umgebung verstehen. Seine Aufgabe ist es, die Bedürfnisse des Kindes durch Beobachtung zu erkennen und gegebenenfalls zu versuchen, dem Kind sein Bedürfnis bewusst zu machen. Montessori schreibt:

> „*Ich habe lange Zeit in diesem Sinn gearbeitet und versucht, mich zum Interpreten des Kindes zu machen, und ich habe dabei mit Überraschung beobachtet, wie sich die Kinder an ihren Interpreten wenden, denn sie verstehen, dass da jemand ist, der ihnen helfen kann.*" (3, 122)

Auf diese Weise gelingt es, einen Kontakt zwischen dem Heranwachsenden und einem ihm gerade jetzt entsprechenden Inhalt herzustellen. Montessori bezeichnet die Funktion des Erziehers in diesem Zusammenhang als „Bindestrich" zwischen Kind und Umgebung. (1, 34) Praktisch wird sich dies so auswirken, dass der Lehrer das Kind, wenn nötig, bei der Auswahl seiner Arbeit berät.

c. Beraten

Beratung gehört ebenfalls zum methodischen Repertoire. Der Montessori-Pädagoge wird sie besonders behutsam handhaben. Generell gilt: „Dem Kind muss geholfen werden, wo das Bedürfnis für Hilfe da ist. Doch schon ein Zuviel dieser Hilfe stört das Kind." (14, 21)

In der ersten Phase der Suche des Kindes nach einer ihm gemäßen Arbeit wird sich am ehesten die Beratung anbieten – mit dem Gefühl für das richtige Maß und dem nötigen Taktgefühl. (vgl. Holtstiege, 1991, 76ff) Zu den Aktivitäten des Pädagogen in der Anfangsphase gehört auch, dass er in den Gebrauch der Materialien einführt. Dies erfolgt meist in Form einer *Lektion* für ein einzelnes Kind oder eine kleine Gruppe. (Vgl. v. a.: 1, 120ff; 171ff)

Hat das Kind nach der Einführung selbst die Arbeit aufgenommen, zieht der Lehrer sich zurück, um die spontane Aktivität nicht zu stören.

In der Phase der starken Konzentration, der „Polarisation der Aufmerksamkeit“, tritt der Lehrer ganz zurück: „Sobald die Konzentration beginnt, muss er tun, als ob das Kind nicht existiert.“ (3, 253) Vielleicht kann man diese Zurückhaltung mit dem Satz Montessoris über die Aufgabe des Erziehers verdeutlichen: Er soll „einen Lichtstrahl geben und weitergehen“. (1, 125) Er wird aber das Kind unauffällig beobachten, ihm weiterhelfen, wenn es Schwierigkeiten hat, es ermutigen, wenn es stockt, ihm vielleicht auch ein anderes Material anbieten, wenn es überfordert ist usw. Nach Abschluss einer Arbeit wird jedes Kind den Wunsch verspüren zu überprüfen, ob sie gelungen ist. Bei der selbständigen Prüfung unterstützt die vielen Materialien integrierte „immanente Fehlerkontrolle“, aber auch die Beratung des Lehrers wird von Fall zu Fall nötig sein. (vgl. dazu Kapitel 5)

Zur Beratungstätigkeit des Erziehers gehört schließlich der kommunikative Aspekt. Oft liegt die gemeinsame Bearbeitung eines Materials oder einer Aufgabe nahe. Wenn nötig, wird der Lehrer den Kontakt stiften, die Zusammenarbeit auf den Weg bringen und bei Schwierigkeiten beraten.

d. Organisieren

Die Unterstützung des Kindes bei der effektiven Organisation seiner Arbeit zählt ebenfalls zu den Aufgaben direkter Erziehung. Montessori unterstreicht, dass die freie Schule Organisation braucht, „eine sorgfältigere Organisation, damit die Kinder frei sind, zu *arbeiten*“. (3, 220)

An erster Stelle steht die gute Kenntnis und Beherrschung des Materials. Das wird den Pädagogen zu einer richtigen Dosierung der Materialangebote anleiten. Grundsätzlich gilt die Anweisung Montessoris, dass jedes Material nur einmal vorhanden sein soll und generell wird der Pädagoge sich an Montessoris Rat halten, das „Maß zwischen Übertreibung und Mangel an Raum und Dingen“ zu finden. (1, 85) Ein Übermaß führt zur Verwirrung und Orientierungslosigkeit, ein Mangel kann „geistige Unterernährung“ bewirken. (Vgl. Holtstiege, 1991, 75)

Gute Kenntnisse des Materials und der sensiblen Phasen des Kindes benötigt der Lehrer für eine weitere Organisationsaufgabe: Die progressive Abstufung des Angebots entsprechend den Bedürfnissen, Interessen und Fähigkeiten der Lernenden. Zur guten Organisation des Materials gehört weiter, dass die Kinder strikt angehalten werden, nach Beendigung ihrer Arbeit das Material wieder an den festgelegten Ort zu bringen, um die Orientierungssicherheit zu gewährleisten. In diesem Zusammenhang ist die Beratung bei der Organisation des Arbeitsplatzes anzusprechen. Das beginnt bei den kleinen Kindern in der Form, dass nichts außer dem gerade bearbeiteten Material auf dem Tisch liegt und endet schließlich bei der Anleitung zur Ordnung und Übersicht bei der Arbeit mit Materialien.

Im Rahmen des schulischen Lernens ist besonders wichtig, dass der Lehrer die Schüler bei der Organisation ihrer Arbeitsleistungen berät, etwa in der Form von Wochenplänen, Arbeitsplänen, Arbeitspässen usw. Ganz allgemein sorgt der Pädagoge dafür, dass „Spielregeln" für die gemeinsame Arbeit festgelegt und eingehalten werden. Montessori betont die Wichtigkeit dieser Aufgabe, um die in ihrer Arbeit vertieften Kinder zu schützen (1, 169).

Immer wieder rückt Maria Montessori die Überlegungen zur direkten Erziehung in die richtige Perspektive: „Die erzieherische Hilfe für das Kind darf nicht abgeschafft werden, nicht sie ist es, die uns hindert, das Kind zu verstehen, sondern der innere Zustand des Erwachsenen." (Zitiert nach Böhm 1990, 86) Damit kommt noch einmal der Gedanke der „Umkehr" in den Blick.

2.4 Umkehr zum Kind: Chance für den Erzieher

Immer wieder ist in den Ausführungen Montessoris über den Erzieher von Entsagung, Verzicht, Demut und Umkehr die Rede. Zeichnet sie hier nicht ein demotivierendes und unzeitgemäßes Bild? Mit Forderungen, ihre Praxis und sich selbst zu ändern, werden Erzieher und Lehrer auf vielen Fortbildungen konfrontiert. Das führt nicht selten zu einem Gefühl der Überforderung und noch größeren Belastungen. Mit derartigen Ansprüchen ist aber auf Dauer kaum eine tragfähige Basis für personale Veränderungen und erzieherische Innovationen zu gewinnen. Darum sollte auch gefragt werden, welche Chancen die Montessoripraxis für die eigene Person bereit hält. Tatsächlich lassen sich viele solcher Chancen benennen.

2.4.1 Kompetenzgewinn

Wer Lernen als gemeinsamen Prozess mit Kindern und Jugendlichen wahrnimmt, kann mit beträchtlichem Zuwachs an beruflichen Kompetenzen rechnen. Im Vorgriff auf die differenzierte Besprechung in Kapitel 7 seien hier einige dieser Kompetenzen genannt:

- Verstärkung der Fähigkeit zu gemeinsamer Planung; im Zusammenhang damit Erweiterung der Beziehungs- und Kooperationskompetenz;
- wachsende Methodenkompetenz im Blick auf die Organisation selbständiger Arbeit;
- wachsende politische Kompetenz im Blick auf die Erfahrung, dass scheinbar unbeeinflussbar erstarrte Systeme wie die Schule prinzipiell veränderbar sind.

2.4.2 Chancen für Reifungsschritte

Maria Montessori ist der Meinung, dass die „Einkehr" letztlich auch dem Lehrer und Erzieher auf dem Weg zu sich selbst verhilft: „Er gewinnt durch die psychischen Äußerungen der Kinder mehr als das Interesse *am Phänomen.* Er gewinnt die Offenbarung seiner selbst." (2, 130)

Das meint: In der Arbeit der Kinder an ihrer Person erkennt der Erzieher – wie in einem Spiegel – seine eigenen Möglichkeiten, die er vielleicht übersehen oder verschüttet hat. Davon könnte ein Anstoß zur eigenen Neuorientierung ausgehen.

Solche vergessenen Lebensmöglichkeiten könnten sich folgendermaßen zeigen:

- in der Entdeckung, dass nicht nur zweckrationales, sondern kreatives Lernen sinnvoll ist;

- in der Wahrnehmung, dass man im Prozess der Unterstützung Heranwachsender selbst in Situationen der Schwäche kommt, in denen man auf Hilfe angewiesen ist;
- in der Beobachtung von Entwicklungsprozessen von Kindern, dass selbstbestimmtes, entdeckendes Lernen Freude auslöst – und damit wieder Lust darauf bekommen, für sich selbst zu lernen und zu arbeiten;
- im gemeinsamen Fragen mit Kindern – nach Gott und der Welt, ganz elementar und damit grundlegend, wesentlich. Wer einmal dabei war, wenn Kinder philosophieren, weiß, wie fruchtbar und anregend es ist, wenn man mit ihnen denken darf (und will!);
- in der Entdeckung, dass man am Wachstum der Kinder teilnehmen kann. Das ist ja vielleicht das auffälligste Merkmal des Kinderlebens, dass sie so unglaublich wachsen – in jeder Beziehung. Für die Lehrenden kann zur erfreulichen Erfahrung werden, dass das Wachstum nie abgeschlossen ist. Niemand muss im Stillstand erstarren. Wachsen – dazu gehört zunehmend die Fähigkeit, auch kleine, unscheinbare Veränderungen als Wachstum wahrzunehmen. Es bedeutet auch, das, was wie Verwachsungen oder Wildwuchs aussieht, zu akzeptieren, das Unerwartete, vielleicht Störende als Gedeihen anzuerkennen. Und schließlich: Wachsen bringt den Gedanken hervor, dass auch Vergänglichkeit dazu gehört, dass man gelassen annehmen und auch loslassen kann;
- in der Wahrnehmung, dass niemand in den fixierten Rollenklischees erstarren muss.

Dies sind Chancen, die sich dem Erzieher und Lehrer eröffnen, der bereit ist, sich neu zu orten und sich auf die „Bekehrung zum Kind" einzulassen.

Sie können sich dem einlösen, der das gemeinsame Lernen und Wachsen mit Kindern als Angebot wahrnimmt, sich von der Hektik des Gelingens zu lösen und in Ruhe dem Fortgang der eigenen Person zu widmen; ich finde diesen Gedanken in einem Gedicht von Andrea Schwarz:

Manchmal
träume ich davon
dass ich nicht immer
nur blühen muss

sondern Zeit
Ruhe habe
um Kraft für neue Triebe
zu sammeln.

3 Erziehen und Lernen als Seh-Schule

Die „Schaukraft der Liebe" als pädagogisches Prinzip

3.1 „Sehen" im Denken von Maria Montessori

3.1.1 Grundlegende Texte

In den Schriften von Montessori finden sich einige bemerkenswerte Aussagen über das Sehen. Am bekanntesten ist wohl das Kapitel „Die Schaukraft der Liebe" aus „Kinder sind anders". Da heißt es:

> *1. „Schon der unwiderstehliche Trieb, der während der ‚sensitiven Perioden' das Kind mit den Dingen seiner Umwelt verbindet, kann als Liebe zu seiner Umwelt angesprochen werden. Offenbar handelt es sich hier um etwas, was von den allgemein verbreiteten Vorstellungen von der Liebe abweicht. Man versteht darunter in der Regel ein Gefühl; doch die kindliche Liebe kommt aus der Intelligenz, und sie baut sich auf, indem sie liebevoll sieht und beobachtet. Die Eingebung, die das Kind dazu drängt, zu beobachten, ließe sich mit einem Wort Dantes ‚intelletto d'amore' (Intelligenz, Schaukraft der Liebe) nennen.*
> *Die Fähigkeit, lebhaft und genau solche Züge der Umwelt zu beobachten, die für uns Erwachsene, denen jene Lebendigkeit bereits abhanden gekommen ist, völlig unwichtig erscheinen, ist zweifellos eine Form von Liebe. Ist nicht gerade die Empfänglichkeit, die uns an einer Erscheinung Züge bemerken lässt, die andere nicht sehen, nicht entdecken, ein charakteristisches Kennzeichen der Liebe? Der Intelligenz des Kindes entgeht auch das Verborgene nicht, eben weil es mit Liebe beobachtet, nie aber mit Gleichgültigkeit. Dieses aktive, brennende, eingehende und dauerhafte Sichversenken in Liebe ist ein Merkmal des Kindes-*

alters (...) Innerhalb der kindlichen Umwelt bildet der Erwachsene den wichtigsten Gegenstand der Liebe." (15, 144f)

Einen Anstoß zu dieser „Schaukraft der Liebe" erfährt das Kind immer wieder in der „Polarisation der Aufmerksamkeit":

> *2. „Wenn es aus seiner Konzentration erwacht, scheint es die Welt, die es umgibt, das erste Mal zu spüren wie ein unbegrenztes Feld für neue Entdeckungen; es bemerkt auch die Gefährten, denen es ein herzliches Interesse entgegenbringt. In ihm erwacht die Liebe für die Personen und die Dinge. Freundlich und herzlich allen gegenüber ist es bereit, jedes schöne Ding zu bewundern (...) Das Kind begibt sich schlicht in eine Haltung tiefer Isolierung, und in ihm bildet sich ein starker, ruhiger Charakter, der Liebe um sich ausstrahlt.*" (3, 246)

Welche Rolle spielt die Erziehung? Wie so oft sieht Montessori sie skeptisch:

> *3. „Wer aber lehrt die Kinder lieben? Etwa der Erwachsene, der alle Lebensäußerungen des Kindes Launen nennt und sich und all seine Habe gegen das Kind zu verteidigen sucht? Ein solcher Mensch kann nicht Lehrer der Liebe sein, denn er besitzt nicht jenes Feingefühl, das wir oben ‚Schaukraft der Liebe' genannt haben.*" (15, 146f)

Diese Blindheit der Erwachsenen spitzt Montessori an anderer Stelle noch zu:

> *4. „Wonach suchen wir eigentlich wirklich im Kind? Fast immer sind wir auf Ausschau nach Fehlern – nicht nur nach denen, die es gemacht hat, sondern auch nach denen, die es machen könnte. Eine Mutter regt sich immer über die Fehler ihrer Kinder auf, auch über die aller unschuldigsten. Es ist wie eine fixe Idee.*
> *Darum sage ich, dass nicht Liebe, sondern Furcht oder sogar Hass hinter unserer Haltung gegenüber Kindern steht, denn jemand, der einen anderen liebt, findet in ihm alles Gute, was nur möglich ist – nicht*

> *nur offensichtliche Vorzüge, sondern auch verborgene Tugenden. Man könnte sagen, dass ein Liebender ein Zweites Gesicht hat und liebenswerte Eigenschaften sieht, die andere nicht bemerken.*" (5, 11)

Ein Erzieher, der sich „zum Kind bekehrt hat" (vgl. Kapitel 2), hat auch sehen gelernt. Wenn er ein Kind wahrnimmt, „ist nicht ein neutrales, distanziertes Beobachten gemeint, das das Kind als „Versuchsperson" einordnet, sondern von Liebe geleitete, „teilnehmende Beobachtung"; sie hat eine spezifische Qualität und Sichtweise:

> *5. „Ein Mensch, der nicht liebt, sieht nur die Fehler bei den anderen (…) Doch nur wer liebt, ist ein wirklich Sehender, und nur er kann die zarten Offenbarungen des Kindes sehen und verstehen, und nur vor ihm wird ein Kind seine wahre Natur zeigen können.*" (14, 22)

3.1.2 „Sehen, was andere nicht sehen" – Zum Verständnis der Texte

Allen Aussagen ist gemeinsam, dass es nicht allein um das Sehen als natürlichen Vorgang geht, sondern um ein Schauen, das bemerkt, „was andere nicht sehen" (Text 1). Die fünf Texte entfalten dann charakteristische Züge von Montessoris Gedanken über das Sehen:

- Es ist ein durch Liebe angeleitetes, feinfühliges Sehen, das das Verborgene, nicht Sichtbare wahrnimmt.
- Die Schaukraft der Liebe richtet sich auf die *Umwelt* (Text 1), in der sie gerade das Unscheinbare aufmerksam betrachtet.
- Sie richtet sich auf die *eigene Person* und nimmt sie selbst als „ruhigen, starken Charakter" wahr (Text 2).
- Sie richtet sich auf *andere Personen*: die Eltern (Text 1), die anderen Kinder (Text 2).

Die Schaukraft der Liebe, so könnte man zusammenfassend sagen, hat zu tun mit dem Weltverständnis, dem Selbstverständnis und der Empathie.

3.2 Schaukraft der Liebe als Arbeit des Erziehers an der eigenen Person

Die Gedanken Montessoris zum Sehen sind so eindrucksvoll, dass es sinnvoll erscheint, sie auch im Kontext von Philosophie und Dichtung zu beleuchten.

3.2.1 Die eigene „Blindheit" erkennen und anerkennen

Bevor eine Reflexion darüber sinnvoll ist, wie die Lernenden in ihrer Seh-Arbeit begleitet und gefördert werden können, muss eine *Überprüfung der eigenen Sehgewohnheiten*einsetzen. Schaue ich Heranwachsende vor allem im Blick auf ihre Fehler an? Welche Einstellung könnte sich darin zeigen? Kann ich die Lernenden sehen, wie sie wirklich sind oder sind Vorurteile, Verallgemeinerungen und Projektionen ihnen gegenüber im Spiel.

Ohne Zweifel gehören Vorurteile und Projektionen zu den wirksamsten und nachhaltigsten Faktoren, die die Interaktion im Kontext von Lernen blockieren. Das kann eine Rolle spielen in Bezug auf die Beziehung zu Kindern und Jugendlichen überhaupt, zu einer bestimmten Lerngruppe oder zu einer einzelnen Person. Selbstverständlich gilt das auch für die Wahrnehmung der Erzieher bzw. Lehrer durch die Lernenden.

Solche Sichtweisen hatte wohl Max Frisch in seinem oft zitierten Tagebucheintrag zum Thema „Du sollst dir kein Bildnis machen!“ im Sinn: Wer sich ein „Bildnis macht“ vom anderen, legt ihn fest, bannt ihn in Stein. Aber: „Unsere Meinung, dass wir das andere kennen, ist das Ende der Liebe“. (Frisch, 1985, 27)

Projektive Bilder vom anderen können Angst und Abwehrhaltungen auslösen. Vorsicht, ja Misstrauen nehmen die Stelle von Offenheit und Zutrauen ein und machen eine gelingende Kommunikation unmöglich. Auf diesem Feld ist anhaltende Beobachtung des eigenen Tuns und ehrliche Reflexion nötig.

3.2.2 Die Veränderung der Blickrichtung

Die zweite Aufgabe ist die *Veränderung der Blickrichtung:* Diese liebevolle Zuwendung des Erwachsenen zum Kind ist eine immerwährende und nicht abschließbare Grundaufgabe der Erziehung. Ein Kind „mit der Schaukraft der Liebe“ ansehen bedeutet: Nicht nur das betrachten, „was zu sehen ist“, also was sich als aktuelle Befindlichkeit oder Fähigkeit zeigt, sondern den Blick auf das richten, was noch verborgen ist, also auf die „Potenzialitäten“ des Kindes, seine Möglichkeiten, seine Hoffnungen. Ein Schlüsseltext dazu findet sich in der Biographie Montessoris: Es handelt sich um ein Erlebnis aus ihrer Zeit als Assistenzärztin an der psychiatrischen Klinik der Universität Rom. Zu ihren Aufgaben gehörte es, in den städtischen Irrenanstalten „brauchbare“ Patienten für die Universitätsklinik auszusuchen, vor allem Kinder. Diese wurden in großen Sälen verwahrt. Als sie den Beschwerden einer Wärterin über die Unsauberkeit der Kinder nachging, bemerkte sie, dass diese das Brot, das ihnen gegeben wurde, nicht aufaßen, sondern damit spielten. Genau in dieser Situation erkannte Montessori blitzartig, dass diesen Kindern geistige Nahrung fehlte, und dass Aussicht auf Heilung wohl nur bestand, wenn diesem Mangel abgeholfen würde. Sie legte ihnen kleine Aufgaben vor und erkannte, dass sie keineswegs stumpfe „Idioten“, sondern zum Denken fähig waren und daran Freude hatten.

Eine solche erneuerte Sichtweise ist dem Heran-Wachsenden unentbehrlich für den Aufbau seiner Person. Sie sollte so intensiv wie möglich die Praxis der indirekten und direkten Erziehung leiten. Wer spürt, dass er akzeptiert ist, gewinnt. In einem Gedicht von F. K. Barth fand ich diese Zeilen:

In deinen Augen
Kann ich schöner werden als ich bin.

Ich will diesen Abschnitt mit einem faszinierenden Gedanken von Erich Fromm abschließen. Er bezeichnet die angemessene Haltung gegenüber einem anderen Menschen als Respekt:

„Respekt ist weder Angst noch Furcht; entsprechend der Wurzel dieses Wortes (respicere = ansehen) bedeutet Respekt die Fähigkeit, einen Menschen so zu sehen, wie er ist, und seine einmalige Individualität zu erkennen (…) Wenn ich den anderen liebe, fühle ich mich eins mit ihm, und zwar so, wie er ist, nicht, wie er sein sollte, damit ich ihn als Objekt verwenden könnte (…) Einen Menschen zu respektieren, ist nur möglich, wenn man ihn kennt, wenn man von ihm weiß. Fürsorge und Verantwortlichkeit würden blind sein, wären sie nicht vom Wissen geleitet.“ (Fromm, 1956, 48f)

Dieses Wissen entsteht in der Montessori-Pädagogik durch Beobachtung.

3.2.3 Teilnehmende Beobachtung

Basis für die teilnehmende Beobachtung ist die erneuerte Beziehung des Erziehers zum Kind, das veränderte Verständnis von Erziehung. Erziehung beginnt mit der Selbsterziehung des Erziehers. Damit verändert sich auch das erzieherische Feld: „Der Lehrer muss sich als Mensch unter Menschen fühlen und nicht als Erwachsener unter Kindern.“[1] Wenn der Lehrer Kinder nicht als „Adressaten“ seiner Bemühungen wahrnimmt, sondern als Menschen, wird er auch wollen, dass die Kinder ihn als Menschen erkennen. Er wird Gelegenheiten suchen, mit den Lernenden über ihre Beobachtungen zu sprechen und erkannte Schwächen und Fehler gemeinsam zu bedenken.

Ziel der Beobachtung ist die methodisch genaue, reflektierte Wahrnehmung der kindlichen Aufbauarbeit, so, wie sie sich im alltäglichen Arbeitsprozess zeigt. Montessori schlägt vor, im Interesse einer möglichst präzisen Erfassung der kindlichen Aktivitäten zu differenzieren:[2]

---

[1] Aus: Erziehung für eine neue Welt, 201. Dieses Zitat verdanke ich ebenso wie viele inhaltliche Anregungen der Studie von Hildegard Holtstiege, 1999.
[2] Vgl. 2, 118f sowie Holtstiege, 1999, 94ff.

- Wahl- und Arbeitsverhalten. Beispiele: Welche Aktivität wählt das Kind? Wie lange braucht es für seine Entscheidung? Wie intensiv und ausdauernd arbeitet es?
- Ordnung oder Unordnung im Verhalten des Kindes. Beispiele: Ist das Kind konzentriert oder beschäftigt es sich nur? Kommt es zu Veränderungen während der Arbeit?
- Gehorsam. Dies ist – ebenso wie „Disziplin" – ein Begriff im Denken Montessoris, der gerade in Deutschland wegen seiner schlechten Gebrauchsgeschichte sorgfältiger Reflexion bedarf. Montessori gebraucht beide Begriffe in einem ganz spezifischen Sinn. Sie beobachtet beispielsweise bei Kindern, dass sie „voller Freude arbeiten und sich die Kultur durch eigene Aktivität erwerben, dass die Disziplin aus dem Kind selbst entsteht." (14, 23f) Das Kind, das diese innere Verpflichtung noch nicht gefunden oder gefestigt hat, bedarf der anleitenden Unterstützung; darauf beziehen sich die Bemerkungen Montessoris zum Gehorsam.

3.3 Die Lernenden bei ihrer „Seh-Arbeit" unterstützen

Welche Unterstützung bei der Wahrnehmungs-Arbeit können wir den Lernenden anbieten?

3.3.1 Mehrdimensional sehen lernen

Ganz allgemein wird es darum gehen, aufmerksames, mehrdimensionales Sehen anzubahnen und zu verstärken. Dies ist die grundlegende Aufgabe. Wir sind daran gewöhnt worden – und die junge Generation noch viel intensiver – nur noch das für wahr und gültig zu halten, was zählbar und messbar ist. Eindimensionale Wahrnehmung setzt sich durch und Zweckrationalität ist für viele zum wichtigsten Kriterium geworden. Wir müssen wieder lernen – und lehren – dass die Wirklichkeit noch eine andere, tiefere Schicht hat, die Schicht der Gefühle und existenziellen Erfahrungen, der Wertvorstellungen und der religiösen

Orientierung. Wo nicht mehr gelernt wird, aufmerksam zu leben, auf die Botschaft einer Blume zu hören, die Sprache der Liebe zu sprechen, da kommt es zu einer „Verdünnung und Verdürftigung des Lebensgefühls". (Betz, 1977, 21)

Mehrschichtiges Wahrnehmen und Denken kann vor allem durch den Umgang mit Symbolen und mit Kunst erlernt werden. Dieser Gedanke ist mit einigen interessanten Lernkonzepten verwandt, die in den letzten Jahren intensiv diskutiert werden. Sie lassen sich mit dem Stichwort „ästhetische Bildung" charakterisieren. Wegen der Bedeutung dieser Ansätze sollen einige Grundgedanken kurz skizziert werden.

Exkurs: Zum Konzept der ästhetischen Bildung

„Ästhetische Bildung" meint nicht, wie vielleicht zunächst assoziiert, den Kunstunterricht, sondern bezeichnet ein Gesamtkonzept von Bildung. Die gemeinte Sache erschließt sich vielleicht am deutlichsten durch die von Horst Rumpf (1997) vorgeschlagene Differenzierung. Er unterscheidet zwischen einem technisch-technisiertem Lernen, das auf schnelle Verfügbarkeit, Eindeutigkeit, „Richtigkeit" und „Bescheidwissen" (Ebd., 141) aus ist und einem Lernen als Wahrnehmung, das ein *Verweilen* erfordert, von Zweckrationalität und Verwaltung abgelöst ist. Es ist ein Wahrnehmen im Sinne der *Kunst*. „Ästhetische Bildung" meint also eine spezifische Weise, die Welt wahrzunehmen und sich anzueignen, Erfahrungen zu verarbeiten. Es ist kein „Sehen" im engen Sinn, sondern ein Erfassen mit allen Sinnen.

Rumpf geht davon aus, dass die Begrenzung schulischen Lernens auf das zweckrationale Aneignen und Verfügbarmachen die achtsame, genaue Wahrnehmung der Welt schädigt oder sogar zerstört. Sinn solcher Differenzierungen kann es nach Rumpf aber nicht sein, das „technische" Lernen einfach aus der Schule zu drängen, man braucht das Basiswissen – aber es sollte „unterströmt sein (...) vom spielerischen Geist der Weltzuwendung, die in unserer Tradition (...) ästhetisch heißt". (Ebd. 142f)

Was macht nun die ästhetische Wahrnehmung aus? In der gegenwärtigen Diskussion werden häufig die Kategorien der antiken Ästhetik verwendet (z. B. Jauß, 1984):

- *Aisthesis:* Dies bedeutet so viel wie sinnliche Wahrnehmung. Hier geht es um das genaue, bedächtige Achten auf die Welt.
- *Katharsis:* Diese Kategorie bezieht sich auf das unterscheidende, abwägende Wahrnehmen; gefragt ist nach der Qualität des Lebens. Die Aufmerksamkeit richtet sich auch auf das Ausgegrenzte, Übersehene, Bedrückende. Hier kommt es zu Berührungen mit der Ethik. Unter dem Aspekt der Katharsis könnte das Sehen – in Analogie zu dem heute noch geläufigen Ausdruck „erhören" – mit dem heute ungebräuchlichen „ersehen" (so viel wie: erwählen) gefasst werden.[3]
- *Poiesis:* Der Ausdruck meint die Gestaltung der Wahrnehmung. Malen, Musizieren, Spielen, Tanzen etc. sind ja nichts anderes als die aktive Seite des Sehens. Sie klären und vertiefen das mit den Sinnen Aufgenommene und machen es zu eigen.

Dieses Lernen im Sinne des ästhetischen Konzepts kann vorzüglich durch die Arbeit mit Symbolen erfasst und eingeübt werden. Symbollernen ist darauf aus, die Welt der Erscheinungen auf ihre Tiefendimension hin zu öffnen, das Sichtbare in seiner Verweisqualität auf das Unanschaubare zu erschließen – z. B. die Sonne verweist als Symbol auf Lebensfreude, Wärme, Liebe. Symbollernen leitet zur genauen Wahrnehmung des Gegenständlichen an, spürt den verborgenen Tiefendimensionen und Bedeutungsschichten nach, inspiriert eine gestaltende Auseinandersetzung. Eine stimmige Symboldidaktik wird bemüht sein, auf allen Ebenen des Lernens den Aspekt der bewussten Aufnahme und Auseinandersetzung nicht zu vernachlässigen, sonst kommt es zu einseitigen Symbolinszenierungen allein in der affektiven Dimension, die Urteils- und Handlungsfähigkeit verstellt.[4]

---

[3] Ähnliches wie die Katharsis als urteilende Wahrnehmung spricht auch Holtstiege (2000, 67) in der genannten Abhandlung an, wenn sie davon spricht, dass Montessori bei Kindern eine wachsende Urteilsfähigkeit beobachtet.

[4] (Vgl. z. B. zum Symbollernen auf der Spur der Montessori-Pädagogik das fachübergreifende Freiarbeitsmaterial: Berg/Weber, 2000)

Einen spezifischen Ansatz zum ästhetischen Lernen hat Ludwig Duncker vorgelegt. (Duncker, 1996e) Er knüpft an das bekannte Konzept des mehrperspektivischen Unterrichts an. Als dessen leitendes Interesse benennt er die Anleitung der Lernenden zu einer Wahrnehmung der Welt, die nicht auf eine einzige Sichtweise festlegt, nicht eine einzige These als verbindlich und „wahr“ hinstellt. Kinder und Jugendliche sollen lernen, dass unterschiedliche Welt-Ansichten möglich sind und sich im Austausch und Diskurs bewähren können. Medien dieses Lernens sind Gespräch, Spiel und Gestalten.

In einem eigenen Abschnitt bespricht er die notwendige „ästhetische Alphabetisierung im Grundschulalter“. Er konstatiert, dass Kinder Gefahr laufen, ästhetische Analphabeten zu werden, weil sie einer Bildüberflutung ausgesetzt sind, die sie nicht durchschauen, erfassen bzw. lesen können. Aktives Gestalten, aber auch bewusstes Erfassen („Grammatisierung“) können hier gegensteuern. Interessanter Weise kommt Hildegard Holtstiege in ihrem Aufsatz zum kindlichen Sehen (2000) zur gleichen Fragestellung und zu einem ganz ähnlichen Ansatz. Sie geht davon aus, dass die beobachtende Intelligenz des Kindes angesichts der Überschwemmung durch Bilder der behutsamen Begleitung, Anleitung und Unterstützung bedarf. Sie zielt darauf, Kinder durch kreatives Arbeiten, aber auch durch die „Grammatisierung der Bildkultur“ zu „alphabetisieren“.

In diesem Zusammenhang taucht eine wichtige Frage auf: Der Aspekt des bewussten Lernens im ästhetischen Feld. Nicht selten werden gerade Sinneserfahrungen oder auch kreative Gestaltungen vorwiegend oder ausschließlich in der affektiven Dimension angesiedelt. Dabei wird übersehen, dass Lernen erst dann zum Aufbau dauerhafter Fähigkeiten führt, wenn das bewusste Verstehen auch im Sinne kognitiver Prozesse im Spiel ist. Montessori betont:

> *„Es ist unbedingt erforderlich, dass das Kind die Bilder, deren es habhaft geworden ist, in voller Klarheit bewahren kann, denn nur in solcher Klarheit vermag es Eindruck von Eindruck zu unterscheiden und seine Intelligenz auszuformen.“* (15, 73)

Die Notwendigkeit kognitiver Vergewisserung ergibt sich auch aus der Aufgabe, Kinder und Jugendliche als Subjekte des Lernens ernst zu nehmen und nicht als Adressaten unterrichtlicher Inszenierungen.

3.3.2 Die aufmerksame Wahrnehmung fördern

Maria Montessori hat der aufmerksamen Wahrnehmung großes Interesse gewidmet. Sie ist vielfach in ihrem Denken verortet, vor allem in den Übungen der Stille und den Sinnesübungen sowie in der Kosmischen Erziehung.

Schon früh hat sie sich mit dem Phänomen beschäftigt, dass die – scheinbar „von Natur aus" – unruhigen und lauten Kinder die *Stille* lieben, das Schweigen brauchen. Sie stellte fest, dass die Stille-Übungen die sensorische Wahrnehmung verfeinern, vor allem im Blick auf Geräusche. Deshalb verband sie Stille-Übungen mit motorischer und sensorischer Schulung: Sie rief die Kinder leise mit Namen und bat sie, so leise wie möglich zu ihr zu kommen. Die Kinder lernten, auf feine, leise Eindrücke zu achten und sich leise und konzentriert zu bewegen. Die von Maria Montessori erstrebte Kultur der Stille ist insgesamt darauf ausgerichtet, das Konzentrationsvermögen der Kinder zu stärken, ihre motorischen Fähigkeiten zu schulen und ihnen damit behilflich zu sein, sich selbst zu finden und die eigenen seelischen Kräfte zu entfalten. Einmal spricht sie von „geistiger Freude", die Stille bei Kindern auszulösen vermag (15, 129). So gesehen ist die Stille ein wichtiges Moment in der Entwicklung der Persönlichkeit des Kindes.

Auch in der *Kosmischen Erziehung* geht es um die genaue und intensive sinnliche Wahrnehmung und deren Verarbeitung. Diese hat jedoch eine spezifische Qualität. Montessori schreibt:

> *„Das Kind begnügt sich nicht mehr damit, die Tatsachen zu sammeln. Es sucht nach ihren Ursachen. Man muss diesen seelischen Zustand nutzen, der es ermöglicht, die Dinge in ihrer Ganzheit ins Auge zu fassen und festzustellen, dass alles im Universum miteinander verbunden ist.*" (4, 121)

Der bekannte Pädagoge Buytendijk hat die hier angestrebte Haltung unter Bezugnahme auf Montessori so charakterisiert:

> *„Was ich Erkenntnis nenne, ist ein durch liebevolle Hingabe an das objektiv Gegebene erworbenes Wissen – wohl vom eigentlichen Lernen und Wissen um Tatsachen zu unterscheiden.“* (Buytendijk, 1932)

Montessori wählt den Begriff der Meditation, um diese Form von Wahrnehmen und Lernen zu charakterisieren.

> *„Nun haben unsere Kinder als ihre Weise der natürlichen Entwicklung zu folgen, die ‚Meditation‘ gewählt; denn anders kann das lange Verweilen bei jedem einzelnen Ding nicht bezeichnet werden, aus dem sie stufenweise eine innere Reife gewinnen. Die Kinder verfolgen offensichtlich nicht den Zweck „zu lernen“, wenn sie bei einem Gegenstand verweilen; sie sind durch die Bedürfnisse ihres inneren Lebens daran gebunden, das sich durch sie organisieren und entwickeln muss. Auf diese Weise beginnen sie ihr „Wachstum“ und setzen es fort.*
> *Durch diese Haltung ordnen sie ihre Intelligenz und reichern sie allmählich an. Indem sie meditieren, betreten sie den Weg des Fortschrittes, der ohne Ende weiterführt (...) Auf diese Weise sammelt und stärkt sich ihre Persönlichkeit. Die Übung, die dazu dient, besteht darin, allmählich die Genauigkeit, mit der sie die Außenwelt wahrnehmen, zu vervollkommnen, indem sie in fortgesetzter, spontaner Aktivität beobachten, vernünftig denken und die Fehler der Sinne korrigieren. Sie selbst handeln, wählen die Gegenstände, verweilen bei einer Arbeit und versuchen, in der Umgebung die Konzentrationsmöglichkeit zu erlangen.“* (2, 207f)

Es geht auch hier um die „Schaukraft der Liebe“, d. h. das aufmerksame, bewusste, „andächtige“ Wahrnehmen der Welt und um die Fähigkeit, im Detail das Ganze und im Ganzen das Detail zu meditieren. Dies ist vor allem Bestandteil der kosmischen Erziehung, die ja darauf zielt, dass der Mensch seine Stellung und Verantwortung im Kosmos erkennt und anerkennt.

3.3.3 Die „Schaukraft der Liebe" im Blick auf die eigene Person fördern

Die wachsende Erkenntnis, eine eigene, unverwechselbare Person zu sein, ist im Konzept von Maria Montessori untrennbar mit dem Prozess der Entwicklung verbunden. Insbesondere die Polarisation der Aufmerksamkeit lässt die Kinder sich selbst als eigenständige, wertvolle Person mit spezifischen Fähigkeiten entdecken. Aber diese Erkenntnis wird den Heranwachsenden oft vorenthalten, weil sie als unfertige, mit Defiziten und Fehlern behaftete Wesen behandelt werden, die auf die Leitung und Erziehung durch die Erwachsenen angewiesen sind. Erzieher, die gelernt haben, mit der „Schaukraft der Liebe" zu sehen, werden alle Möglichkeiten nutzen, Kindern und Jugendlichen Gelegenheiten zu eröffnen, ihren Wert bewusst wahrzunehmen. Solche Anlässe bieten sich einmal im Bereich des *indirekten* Lernens: die vorbereitete Umgebung ist so auszustatten, dass die Lernenden vielfache Chancen haben, erfolgreich zu arbeiten.[5]

Aber auch das *direkte* Lernen bietet viele Gelegenheiten, die Kinder und Jugendlichen auf ihre Potenzialitäten hin anzusprechen, mit ihnen gemeinsam ihr Wachstum zu beobachten.

3.3.4 Die „Schaukraft der Liebe" im Blick auf andere Menschen fördern

Montessori weist immer wieder eindringlich darauf hin, dass Empathie und Sozialfähigkeit sich bei den Heranwachsenden entfalten, die sich in Freiheit entwickeln können. Immer wieder beschreibt sie, wie die Lernenden nach der Polarisation der Aufmerksamkeit auf dem Weg zum „neuen Kind" sind, das die anderen mit Freude und achtsamer Zuwendung wahrnimmt. Diese Erfahrungen können durch entsprechende Lernarrangements und durch begleitende Bewusstmachung gefördert und vertieft werden.

---

[5] Vgl. dazu vor allem Kapitel 7; das gilt auch im Blick auf die vorbereitete Umgebung des sozialen Lernens in Kapitel 4 und 10.

4 „Wollen wir, dass unsere Kinder so werden wie wir?"

Montessoris Beitrag zur Werteerziehung[1]

4.1 Sind wir fähig, zu Werten zu erziehen?

4.1.1 Was sind die Werte wert? Einige Bodenproben

Vor etwa 4000 Jahren ritzte ein ägyptischer Priester die folgenden Worte auf eine Tontafel: „Unsere Erde ist heruntergekommen in den letzten Jahren. Die Kinder gehorchen den Eltern nicht mehr. Jedermann will Bücher schreiben. Das Ende der Welt ist nahe."

Eineinhalb Jahrtausende später schrieb Aristophanes: „Unsere Jugend liebt den Luxus, sie hat schlechte Manieren, missachtet die Autorität und hat keinen Respekt vor dem Alter. Die heutigen Kinder sind Tyrannen."

Die Klagen der Älteren über den Wertverfall in der Generation der Jüngeren sind ebenso alt wie aktuell. Auffällig ist dabei, dass die meisten Kritiker immer ganz genau wissen, welche Werte gelten sollen und welche besonders bedroht sind.

Im Schulgesetz Baden-Württemberg ist u. a. in § 1 zur Werteerziehung zu lesen, dass die Schüler

> *„in Verantwortung vor Gott, im Geiste christlicher Nächstenliebe, zur Menschlichkeit und Friedensliebe, in der Liebe zu Volk und Heimat, zur Achtung der Würde und Überzeugung anderer, zu Leistungswillen und Eigenverantwortung sowie zu sozialer Bewährung zu erziehen und in der Entfaltung ihrer Persönlichkeit und Begabung zu fördern (sind)."*

---

[1] Dieses Kapitel wurde in anderer Form bereits veröffentlicht in: Winkels (Hrsg.), Montessori-Pädagogik – konkret. Klinkhardt, 2000.

Im Stil sind solche Verlautbarungen meist recht entschieden, beinahe apodiktisch. Das provoziert die Frage: Wie werden solche Werte eigentlich begründet?

In der Regel beruft man sich auf die Verfassung und die dort festgeschriebenen Werte – aber das verschiebt das Problem eigentlich nur. Denn auch hier stellt sich die Frage nach der Begründung. Oft – jedenfalls in Baden-Württemberg – wird auch die „christlich-abendländische Tradition“ als verbindliche Basis der Werteerziehung angeführt oder es wird einfach ein „allgemein anerkannter Wertekanon“ postuliert (Hentig, 1999, 10).

Wenn man es genau nimmt, zeigt sich: Trotz zahlreicher Vorschläge gibt es keinen „allgemein anerkannten“, für alle wohl und einsichtig begründeten Wertekanon. Und ich halte es nicht für besonders sinnvoll, noch einen weiteren Wertekatalog zu formulieren. Mit Recht plädiert Hartmut von Hentig in seinem Buch „Ach, die Werte“ dafür, die Offenheit und Ungewissheit ernst zu nehmen und auszuhalten.

Zwei Schlussfolgerungen benennt er: Zum einen macht er den Pädagogen deutlich, dass nicht sie es sind, die diese Welt „machen“ oder „aufhalten“. (Ebd., 23) Diese Einsicht in die Begrenztheit oder auch Ohnmacht der Erziehung kann entlasten und den Blick für das Mögliche schärfen. (Das sokratische Nicht-Wissen könnte als heilsame Durchkreuzung von tendenziell totalitärer Rechthaberei erinnert werden!) Zum anderen schlägt er vor, sich auf ganz elementare Grund-Sätze zu besinnen. Er formuliert für sich als Basisaussage: „Die Würde des Menschen ist unantastbar“ (Ebd., 33ff). Aber was hat die Montessori-Pädagogik zur Werteerziehung zu sagen?

4.1.2 Eine Problemanzeige

Mit dem kritischen Hinterfragen der Werteerziehung sind wir eigentlich schon mitten im Feld der Montessori-Pädagogik! Denn: Die erste Denkbewegung, die die Montessori-Pädagogik auslösen will, ist immer der Zweifel. Man kann den methodischen Zweifel geradezu als einen Auslöser und Antrieb für das Denken Montessoris erkennen: Zweifel am

Bestehenden, am anthropologischen und erzieherischen Common Sense. Im Blick auf die Werteerziehung hat sie diesen Zweifel einmal scharf provozierend in dem Satz zusammengefasst, ob wir wollen, dass unsere Kinder so werden wie wir? Fragen wir genauer nach: Montessori hat ihren Zweifel an der Werteerziehung ihrer Zeit in folgenden Sätzen ausformuliert:

> „*Das verbreitetste Vorurteil in der normalen Erziehung besagt, dass alles durch Belehrung erreicht werden kann, das heißt, indem man sich an das Gehör des Kindes wendet oder indem man sich selbst zur Nachahmung als Beispiel hinstellt (eine Art visueller Erziehung). Die Personalität kann jedoch nur durch selbsttätige Übung entwickelt werden.*" (3, 229)

Dieser kurze Satz nimmt drei grundlegende Behauptungen der traditionellen Werteerziehung in den Blick, erstens, dass der Erzieher eine entwickelte Persönlichkeit sei, die alles verkörpert, was das Kind braucht, um selbst zu einer Persönlichkeit zu werden, zweitens, dass diese Aspekte der Persönlichkeit dem Kind als Vorbild darzustellen und zu übermitteln seien und drittens, dass die Erziehung zur Person durch „Belehrung", also durch direkte Beeinflussung erfolge.

Sehen wir uns diese drei Behauptungen etwas genauer an! Es zeigt sich sehr deutlich, dass diesem Konzept letztlich ein Ansatz erzieherischen Handelns zugrunde liegt, das wir als „soziologisches Denkmodell" charakterisieren können. Es basiert – vereinfacht formuliert – auf der These, dass „Erziehung" ein Prozess ist, in dem die Gesellschaft sich selbst in die kommende Generation hinein reproduziert: Was an Wissen und Wertvorstellungen, an kulturellem Fortschritt und technischem Know-how verfügbar ist, wird im Lernprozess an Kinder und Jugendliche vermittelt, sozusagen an die kommende Generation weitergereicht.[2] Letztlich geht dieses soziologische Denkmodell von Erziehung davon aus, dass die Gesellschaft alles bereit hält, was die kommende Generation zum Leben braucht.

---

[2] Eine kritische Wertung findet sich bei Dunker, 1996a.

Maria Montessori hat diesem Konzept von Erziehung zwei Thesen scharf entgegengestellt: These 1: „Die Gesellschaft" (Maria Montessori spricht in diesem Zusammenhang meistens von „den Erwachsenen") ist nicht in der Lage, Kinder in einem positiven Sinn zu erziehen, weil sie selbst von destruktiven Tendenzen geprägt ist. Montessori nennt u. a. zerstörerisches Machtstreben und Egoismus. Darum muss jede Erziehung mit einem Prozess der Selbstbesinnung und „Umkehr" beginnen:

> *„Welche Niedrigkeit ist es, das Recht des Erwachsenen anzuerkennen und nicht das des Kindes! Gerechtigkeit anerkennen ja, aber nur für die, die sich verteidigen und protestieren können; und im übrigen Barbaren bleiben (...) Es gilt das Recht des Stärkeren. Wenn wir uns ernsthaft mit der moralischen Erziehung des Kindes befassen, müssen wir einen Blick um uns werfen und uns wenigstens die Welt betrachten, die wir ihm vorbereitet haben. Wollen wir, dass es so wird wie wir und unwissend die Schwachen mit Füßen tritt?"* (2, 25f)

These 2: Das Kind braucht keine Erziehung im Sinne der Formung, Füllung und Belehrung, weil es „Schöpfer seiner selbst" ist. Personwerdung kann nur gelingen, wenn das Kind den Vorgang des Aufbaus der Person selbst vornimmt. Darauf weist der letzte Satz des Zitats hin; er verdichtet die Grundaussagen der Anthropologie Montessoris. (Vgl. dazu Kapitel 1)

Maria Montessori lehnt also eine Werteerziehung im Sinne der Vermittlung der in der Gesellschaft geltenden Normen radikal ab! Dennoch steht eine Werteerziehung im Zentrum der Montessori-Pädagogik. Das ist zu begründen.

4.2 Wertvolle Erziehung durch den „Selbstaufbau" der Person

Kerngedanke der anthropologisch orientierten Erziehung nach Maria Montessori ist, dass das Kind Schöpfer seiner selbst ist. Das muss folgerichtig auch für die Erkenntnis, die Aneignung und das praktische Ausleben von Werten gelten. Was erfährt nun das Kind auf dem Weg zu sich selbst im Blick auf Werte?

4.2.1 Das Kind nimmt sich als wertvollen Menschen wahr

Wenn das Kind in Freiheit wachsen kann, erlebt es sich als Menschen, der seinen Wert und seine Würde in sich selbst trägt. Diese Erfahrung kommt durch zwei Faktoren zustande.

a. Die Wert-Erfahrung hat ihre Basis im Phänomen der Polarisation der Aufmerksamkeit

Dieser Zustand tiefster Konzentration leitet Veränderungen zum Guten in der Person ein und führt letztlich zur Entwicklung eines Selbstkonzepts („Normalisation"), in der das Kind seinen Potenzialitäten entsprechend seinen eigenen Weg geht. In diesem Prozess macht das Kind Wert-Erfahrungen. Die Polarisation der Aufmerksamkeit und die daraus erwachsenden Kräfte sind keineswegs nur kognitiv zu verstehen, sondern sind zentrale Aspekte des Selbstaufbaus der Persönlichkeit. In einem 1946 gehaltenen Vortrag über soziale Erziehung erklärt Montessori:

> *„Es ist ein interessantes Faktum, dass die Kinder nach dem Phänomen der Konzentration wirklich ‚neue' Kinder sind. Sie sind zu einem Verhalten und einer Aktivität fähig, wie sie bei Kindern gewöhnlich nicht gesehen werden. Es ist, als ob eine Verbindung mit einer inneren Kraft oder mit dem Unterbewussten hergestellt worden sei und dies den Aufbau der Persönlichkeit zustande bringt. Wir sehen, dass diese Kinder aktiv sind, dass sie sich selbst in einer wunderbaren Weise aufbauen. Sie schaffen den Menschen, sie sind zur Arbeit fähig, die sie vorher nicht leisten konnten. Diese Kinder sind für jeden eine Überraschung."* (5, 112)

b. Die Wert-Erfahrung wird ausgebildet und gepflegt im Prozess der freien Wahl

Im Prozess der freien Wahl der Arbeit erfährt sich das Kind immer wieder und mit zunehmender Intensität und Klarheit als Person. Die Freie

Arbeit ist nicht einfach ein methodisch-technischer Vorgang, sondern hat viel mit der Selbsterfahrung als wertvoller Mensch zu tun. Maria Montessori:

> *„Die konstante Arbeit, die ihre Persönlichkeit aufbaut, gewinnt ihren ganzen Antrieb aus Entscheidungen und tritt so an die Stelle des anfänglichen chaotischen Zustandes, in dem die Handlungen dagegen nur von Impulsen angetrieben wurden. In ihnen entwickelt sich ein willensstarkes Leben.*" (1, 175)

Der Vorgang des bewussten Wählens drängt den Einfluss dieser außengesteuerten und die Entwicklung des Kindes hemmenden „Impulse" schrittweise zurück und fördert die Entwicklung der Person. Das Kind erfährt:

- Ich kann mich als eigene Person wahrnehmen.
- Ich kann Entscheidungen treffen.
- Ich werde immer freier von „Impulsen" und werde zum „Meister meiner selbst".

Die Wahlfreiheit ist in Montessoris Sicht augenscheinlich nichts anderes als ein Arbeits,- Übungs- und Entwicklungsfeld für die Bildung der Person durch ständig an der Fülle freier Entscheidungen wachsende Selbständigkeit.

Auf diesem Feld werden Wert-Erfahrung und Wert-Zuwachs möglich.

4.2.2 Das Empfinden von Eigenwert setzt soziale Kräfte frei

In diesem Zusammenhang führt Montessori dann auch aus, was soziales Lernen im Rahmen ihres Konzepts bedeutet. Wenn Kinder Möglichkeiten zu ihrem „Selbstaufbau" haben, kann sich auch ihr soziales Gefühl entfalten.

> *„Kinder helfen sich gegenseitig, sie interessieren sich füreinander, sie trösten sich, sie nehmen Rücksicht, z. B. bei der Benutzung des nur ein-*

mal vorhandenen Materials, ja, sie helfen einander beim Prozess der Normalisierung!" (5,112f)

Diese Hinweise klären gleichzeitig den häufiger geäußerten Vorwurf, die Pädagogik Maria Montessoris konzentriere sich so intensiv auf die Entwicklung des einzelnen Kindes, dass das soziale Lernen darüber verkürzt werde. Soziales Lernen kommt bei Montessori vor allem indirekt ins Spiel. Als Folge der „Normalisation" werden die sozialen Kräfte des Kindes frei:

„*Wenn wir Kinder nicht in unsere Formen pressen, sehen wir, dass sie Tugenden besitzen, die wir ihrem frühen Lebensalter kaum zutrauen: Unermüdlichen Tätigkeitstrieb, Nächstenliebe, innere Disziplin.*" (14, 38)

Und noch klarer: „Kooperation ist die Folge eines freien Lebens mit freier Aktivität." (5, 116)

Soziales Lernen, Zuwachs an Wertvorstellungen und wertvollen Verhaltensweisen („Wert-Zuwachs") sind also grundlegend als Prozess der Selbsterziehung, des Aufbaus der Person zu verstehen.

4.2.3 „Dem Leben dienen" – der Grundwert

Wie können diese Werte nun inhaltlich beschrieben werden? Letztlich läuft alles auf Montessoris Vision zu, jegliche Entwicklung sei auf den *Dienst am Leben* ausgerichtet: „Dem Leben helfen, ist das erste fundamentale Prinzip." (6, 29)

Dies erfährt das Kind ganz elementar im Prozess des Selbstaufbaus der Person: Die eigene Persönlichkeit wird gefördert und erfährt einen Wert-Zuwachs durch Reifung, Erweiterung, Vertiefung. Dadurch wird das Kind ganz ungezwungen, wie von selbst auch fähig, das Leben anderer zu fördern. Oder anders ausgedrückt in der ein wenig modifizierten Formel von Albert Schweitzer: Ehrfurcht vor dem eigenen Leben ruft Ehrfurcht vor dem Leben anderer hervor. Förderung des eigenen Lebens zieht die Förderung des Lebens anderer nach sich.

Damit ist auch schon Montessoris ethische Vorstellung angedeutet: „Das Gute bedeutet Leben; das Böse bedeutet Tod." (2, 319) „Leben" und „Tod" – diese Stichworte lassen aufhorchen; denn sie bringen eine Vernetzung der Ethik mit der Kosmischen Erziehung in den Blick.

Montessoris Grundthese zur „Kosmischen Theorie": Alle Dinge sind „Teil des Universums und miteinander verbunden, um eine große Einheit zu bilden." (4, 41) Alles hat in diesem „universalen Zusammenhang" seinen Ort und seine Funktion zur Erhaltung des Gleichgewichts in der Natur (4, 21), selbst das gestorbene Lebewesen dient noch als Basis neuen Lebens. Auch dem Menschen als Teil der Schöpfung ist diese „kosmische Aufgabe" zugedacht. Im Unterschied zur übrigen Schöpfung ist er in der Lage, diese planvoll zu gestalten. Seine kosmische Bestimmung ist es, die Welt so zu bearbeiten, dass sie als guter Lebensraum für alle Lebewesen erhalten und gesichert wird.

Kosmische Erziehung hat die Aufgabe, solche Reflexionen und Einsichten anzubahnen. Dies geschieht im Lernprozess durch einen „universalen Lehrplan", der den Zusammenhang und die Verwobenheit aller Dinge sichtbar macht. Dies ist die Voraussetzung für die allmähliche Bildung eines „universalen Bewußtseins (...) indem sich Verstand und Gewissen aller Menschen in einer Harmonie vereinen", um „neue Gefühle der Menschlichkeit zu kultivieren". (4, 26)[3]

Ich fasse zusammen: Die Überlegungen zur wertvollen Selbsterziehung erfahren durch die dem Denken Montessoris eigentümliche Verschränkung von Anthropologie, Ethik und kosmischer Erziehung eine Vertiefung und Verdeutlichung: Das Kind ist wertvoll als Person. Diese Person konstituiert sich darin, dass das Kind „in Übereinstimmung mit den inneren Gesetzen" lebt. Diese „inneren Gesetze" bezeichnet Montessori auch als „Gesetze der Schöpfung" oder als „Gott im Kind" (4, 18). Gemeint ist die „innere Kraft", die sich immer wieder in der Pola-

---

[3] In den letzten Jahren ist mit zunehmender Deutlichkeit die ethische Bedeutung der kosmischen Erziehung bei Montessori erkannt worden. Ich verweise exemplarisch auf das wichtige Werk „Montessori-Pädagogik und soziale Humanität" von Hildegard Holtstiege und zitiere Axel Holtz: „Montessori nannte diese Ethik Kosmische Theorie und in ihrer konkreten pädagogischen Umsetzung Kosmische Erziehung". (Holtz, 1998, 10)

risation der Aufmerksamkeit zeigt. Gleichzeitig steht diese Chiffre für die dem Kind mitgegebenen inneren „Gesetze der Schöpfung“, die den Dienst am Leben stimulieren. Sie leiten das Kind dazu an, im Einklang mit seinem Lebensentwurf (Potenzialitäten) zu wachsen, in Harmonie mit anderen zu leben und seinen Ort im universalen Lebenszusammenhang zu erkennen und wahrzunehmen.

Werteerziehung im Sinne Montessoris – oder, wie sie selbst formuliert: sittliche Erziehung – bedeutet also nicht, das Kind mit ethischen Forderungen zu konfrontieren, sondern ihm behilflich zu sein, seine Person so zu entwickeln, dass sie dem Leben dient.

Es versteht sich von selbst, dass es weder möglich oder auch nur wünschenswert sein kann, hieraus nun Tugend- (und womöglich sogar Laster-) Kataloge herzuleiten. Vielmehr geht es darum, immer wieder neu zu entdecken, was hier und jetzt dem Leben dient.

In einem viel beachteten Vortrag hat Renilde Montessori, eine Enkelin Maria Montessoris, sieben Basis-Fähigkeiten des Kindes beschrieben, die als Entfaltungen des Grundwertes „Dem Leben dienen“ aufgefasst werden können (1998):

- die Fähigkeit, ohne Bedingungen zu vergeben
- die Fähigkeit zur vorbehaltlosen Akzeptanz
- die Fähigkeit, im Rahmen seiner Fähigkeiten im jeweiligen Entwicklungszyklus Verantwortung zu tragen
- der Wissensdurst, der darauf drängt, wesentliches, lebensrelevantes Wissen aufzunehmen
- die Fähigkeit, allein zu sein, um in Ruhe in Einklang mit sich und der Welt zu kommen
- die Suche nach Vollendung – einer Arbeit, einer Entwicklungsphase, der eigenen Person
- die Fähigkeit, zu vertrauen.

Um diese Basis-Fähigkeiten zu pflegen, bedarf es einer wachen Sensibilität für das Lebensnotwendige. Maria Montessori erklärt: „Nur durch die Liebe vervollkommnet sich diese Sensibilität.“ (2, 319)

Wenn es einen kategorischen Imperativ der Werteerziehung in der Montessori-Pädagogik gäbe, müsste er lauten: Lebe und handle so, dass die dir und anderen zugedachten Lebenschancen produktiv für alle eingelöst werden können.

4.3 Eine vorbereitete Umgebung für die Werteerziehung

Wie kann man sich eine so verstandene Entwicklung von Werten beim Kind vorstellen? Wie die Montessori-Pädagogik insgesamt ist auch soziales Lernen, Erwerb von Werten, grundlegend als *indirekte Erziehung* aufzufassen – und eben nicht als direkte Belehrung oder gar absichtsvolle Vorbild-Pädagogik, was Montessori ja vehement kritisiert! Das bedeutet, dass auch für das Werte-Lernen eine vorbereitete Umgebung bereitzustellen ist, eine Lern-Umgebung, die vielfältige Anlässe und Anreize zum wertvollen Lernen anbietet.

4.3.1 Eine vorbereitete Umgebung zur Entdeckung des Eigenwerts

Der wichtigste Faktor für die Erfahrung des Eigenwertes ist, dass Lernende die Chance haben, in der selbsttätigen Arbeit den Aufbauprozess ihrer Person wahrzunehmen. Die vorbereitete Umgebung muss so gestaltet sein, dass sie vielfältige Anregungen zu den verschiedensten Aktivitäten bietet. Montessori sagt einmal, die Gegenstände in der vorbereiteten Umgebung hätten „Stimmen, welche die Aufmerksamkeit des Kindes auf sich ziehen und es zum Handeln anregen". (1, 95) Dann wird es möglich sein, dass es immer wieder zur Polarisation der Aufmerksamkeit kommt. Diese Differenzierung bezieht sich nicht nur auf die vorbereitete Umgebung im Ganzen, sondern auch auf einzelne Materialien zum Freien Lernen. Das ist besonders wichtig bei Materialien für Themengebiete, die in der Regel größere thematische Zusammenhänge bearbeiten. Sie sollten in der Wahl der Lernkanäle, der Zugänge und der Medien die Vielfalt der „Stimmen" erklingen lassen.

Ferner genügt nicht die Bereitstellung von „Gegenständen irgendwelcher Art, sondern es muss eine Umgebung von ‚progressiven Interessen' gestaltet werden". (3, 185) D. h. die Materialien müssen so ausgewählt werden, dass sie die wechselnden und aufeinander aufbauenden Sensibilitäten des Kindes entsprechend stimulieren. So kann das Selbstbewusstsein der Lernenden wachsen. Zusammenfassend charakterisiert Hildegard Holtstiege eine gut gestaltete vorbereitete Umgebung als „Anregungswelt voll progressiver Interessen". (Holtstiege, 1989, 128)

Ein drittes Stimulans für wertvolles Lernen ist die „immanente Fehlerkontrolle". Ich denke allerdings, dass dieser Begriff Montessoris etwas zu erweitern und zu differenzieren ist. Nicht nur durch die formale „immanente Fehlerkontrolle" kann das Kind feststellen, ob es erfolgreich gearbeitet hat, sondern durch vielfältige Anlässe im Zusammenhang des Freien Lernens. Ich schlage dafür die Formulierung „selbständige Feststellung des Erfolgs" vor. (Vgl. dazu Kapitel 5) Dadurch kann Selbstbewusstsein wachsen, der Eigenwert immer deutlicher wahrgenommen werden.

4.3.2 Die Lerngruppe als Lernort und „Lernmaterial"

Wie bereits erwähnt konzentriert sich Maria Montessori nicht nur einseitig auf die Entwicklung des einzelnen Kindes, sondern betont ausdrücklich immer wieder die soziale und kommunikative Grundausrichtung ihres Denkens und pädagogischen Handelns. Auch das begründet sie anthropologisch: „Der Mensch ist von Natur aus ein soziales Wesen", erklärt sie (12, 130); und: das „menschliche Individuum kann sich ohne soziales Leben nicht entwickeln". (Ebd.) In ethischer Perspektive: „Es ist evident, dass Sittlichkeit aus einer sozialen Beziehung mit anderen Menschen kommt." (12, 92)

Sie argumentiert aber auch aus dem Kontext ihres Erziehungskonzepts:

> *„Die Anhänger der direkten Unterrichtsmethode verstehen nicht, wie sich in einer Montessori-Schule das soziale Verhalten entwickeln kann, wo, wie sie glauben, man sich nur um den schulischen Stoff kümmert, aber nicht um das soziale Leben. Sie sagen: ‚Wenn die Kleinen alles*

> *alleine tun, wo bleibt dann noch das soziale Leben?' Aber was ist das soziale Leben anderes als das Lösen von Problemen, gutes Verhalten und Entwerfen von Plänen, die für alle annehmbar sind? Sie glauben, das soziale Leben bestünde darin, nebeneinander dazusitzen und einem zuzuhören, der spricht; das ist keineswegs soziales Leben.*
> *Die einzige Gelegenheit zu sozialem Leben haben die Kinder in öffentlichen Schulen nur in den Pausen oder bei den seltenen Ausflügen; während die Kinder unserer Schule immer in einer Arbeitsgemeinschaft leben.*" (3, 202)

Welche Merkmale der vorbereiteten sozialen Umgebung ermöglichen ein solches Lernen?

a. Soziales Lernen durch altersgemischte Gruppen

Montessori bemerkt, dass sich durch eine entsprechende Zusammensetzung der Gruppe ein Altersgefälle ergibt,

> *„das großen Einfluss auf die Bildungsentwicklung des Kindes hat. Sie wird durch die Beziehungen der Kinder untereinander selbst erreicht! Sie können sich kaum vorstellen, wie gut ein kleines Kind von einem älteren Kind lernt; wie geduldig das ältere Kind mit den Schwierigkeiten des jüngeren ist. So sieht beinahe so aus, als ob das jüngere Kind für das ältere einen Arbeitsstoff darstellte.*" (12, 87)

Hier stoßen wir auf einen in der Reformpädagogik für das soziale Lernen hoch bedeutsamen Gedanken: Das Zusammensein in altersgemischten Gruppen fördert zwanglos die Fähigkeit, Hilfe zu geben und anzunehmen. Peter Petersen hat versucht, dies Ziel in seinem „Helfer-Prinzip" zu realisieren. Allerdings denke ich, wird dies nur dann dauerhaft Erfolg versprechen, wenn „Helfen" nicht als Forderung an die Kinder heran getragen, sondern von ihnen als Chance wahrgenommen wird, eigene Fähigkeiten im sozialen Kontext auszubilden: Wachsen durch Helfen!

b. Soziales Lernen durch „Offene Türen"

Das Prinzip der „offenen Türen“ gehört zu den Basis-Grundsätzen der Montessori-Einrichtungen: Alle Türen stehen offen. Dies ermöglicht soziale Kontakte über die altersgemischten Gruppen hinaus. Alle Chancen, die sich mit dem Prinzip der altersgemischten Gruppen verbinden, zeigen sich hier noch einmal erweitert und vertieft.

c. Soziales Lernen durch Kooperation

Kooperation als Feld eines wert-reichen sozialen Lernens wird vor allem durch die Gestaltung der vorbereiteten Umgebung angeregt.

- Das Kind kann in der Regel selbst bestimmen, in welchem sozialen Kontext es arbeiten möchte. Diese freie Wahl wird aber begrenzt durch die Interessen der anderen Kinder. Selbsteinschätzung, Abstimmung und gemeinsame Problemlösungen kommen zum Zug.
- Materialien zur Freien Arbeit sollen nach Möglichkeit so gestaltet sein, dass sie zur Kooperation anregen, unter Umständen ohne gemeinsames Arbeit gar nicht bearbeitet werden können.
- Vor allem bei größeren projektartigen Vorhaben bietet sich die abschließende Phase der produktiven und kreativen Auswertung und Präsentation der Ergebnisse als ein Feld vielfältiger Kooperation an.

4.4 Werteerziehung als direkte Erziehung

Das Grundlegende im Blick auf die Entdeckung und Weitergabe von Werten erarbeitet das Kind selbst, angeregt und gefördert durch die vorbereitete soziale Umgebung. Dennoch ist auch hier die behutsame Begleitung im Sinne der direkten Erziehung nötig. Das bedeutet zuallererst, den Heranwachsenden immer wieder bewusst zu machen, dass Lernen Wachsen der Person und Stärkung des Selbst bedeutet. Die Kinder und Jugendlichen sollen selbst – unterstützt durch die Lehrenden – mit ihren ganz eigenen Fähigkeiten vertraut werden.

Diese Erkundung der eigenen Fähigkeiten sollte keineswegs bei der Feststellung der üblichen Leistungsmerkmale Halt machen. Es geht ja gerade darum, die ganz spezifischen Möglichkeiten und Chancen zu entdecken. Dazu gehören sicher auch Fähigkeiten wie einen Streit schlichten können, zuhören können, Verantwortung tragen können, gut kooperieren können. Allerdings kommt es kaum zur Stärkung des Selbstwertgefühls, wenn die gemeinsame Erkundung der Fähigkeiten nicht verbindlich und aufrichtig ist. Wird wahllos jede Tätigkeit und Äußerung eines Kindes als Ausdruck außerordentlicher Fähigkeiten bejubelt, wird es rasch bemerken, dass der Erziehende sich nicht wirklich einlässt. (Vgl. Ehrensaft 2000, 178ff) Bei der gemeinsamen Entdeckung der Möglichkeiten muss es sich darum um *wichtige* Fähigkeiten handeln, die sich auch erkennbar als Leistungen und wertvolle Beiträge für das Zusammenleben zeigen, auf die ein Kind mit Recht stolz sein kann.

Vielleicht könnte man in Kindergarten und Schule jedes Jahr ein „Sternfest" feiern: Die Kinder und Jugendlichen wissen, dass ihre ganz eigenen Fähigkeiten von Maria Montessori „nebule" genannt werden – der Stoff aus dem die Sterne sind. Sie könnten über ihre „nebule" meditieren und sie in Bildern Gedichten etc. gestalten. Eine solche Feier der Einzigartigkeit kann Selbstvertrauen aufbauen und die Freude an der Gemeinsamkeit stärken.

Wir werden auch viele Anlässe suchen, mit dem einzelnen Kind über sein Wachstum im Blick auf die Werte zu reden und es ermutigen. Auf dieser Basis können dann auch Wachstumsstockungen oder Probleme besprochen werden. Dies kann auf die Dauer nur gelingen, wenn Kinder und Erzieher/Lehrer die Erfahrung, Beobachtung und kritische Auseinandersetzung mit dem Wert-Zuwachs als einen *gemeinsamen* Vorgang der Lehrenden und Lernenden begreifen und auch praktizieren. Zu den Aufgaben der direkten Erziehung gehört auch, gemeinsam Spielregeln eines guten, wertvollen Zusammenlebens zu überlegen und dafür zu sorgen, dass sie von allen respektiert werden. All das steht im Dienst der wachsenden Erkenntnis: Wir können gemeinsam dem Leben dienen.

4.5 Resümée – Nicht moralische Isolierung, sondern gegenseitiger Respekt

Ist das Konzept Montessoris zum Thema Werte, Wert-Erfahrung, Wert-Zuwachs und Sozialverhalten nicht zu unsicher und mühevoll? Im Vergleich zu traditionellen Konzepten erscheint es zunächst schwieriger. Denn diese gehen letztlich von Katalogen aus, die Werte benennen und sie als Maßstäbe für konkretes Verhalten kennzeichnen. Doch so einfach ist die Sache nicht!

In der konventionellen Werteerziehung ist der Abstand der Prinzipien zur Lebenspraxis oft so groß, dass ihre Konkretheit sich bald als nur scheinbarer Lebensbezug erweist. Die praktische Ausführung ist meist unsicher und umstritten, wie die Kontroversen um die Werteerziehung deutlich belegen. Dem gegenüber ergibt sich in der Montessori-Pädagogik die Chance, im gemeinsamen Kommunikationsprozess an der Gestaltung des Lebenswerten zu arbeiten.

Ein schwerwiegendes Defizit der herkömmlichen Werteerziehung ist auch, dass diese den Kindern und Jugendlichen als Forderungen vorgesetzt werden. Damit stellt sich die Aufgabe, sie immer wieder aufs Neue für die Orientierung an diesen Werten zu motivieren. Dem gegenüber ergibt sich in der Montessori-Pädagogik die Chance, die eigene Person als wertvoll zu erfahren und den Dienst am Leben als verlockende Aufgabe wahrzunehmen.

Ein letzter Aspekt: Alle Umfragen und jugendsoziologische Studien belegen Hoffnungslosigkeit und Lähmung durch die Erfahrung der Ohnmacht. Die Jugendlichen erleben durchgängig, dass sie kaum eine Chance haben, die bestehenden Verhältnisse zu verändern. Dem gegenüber bietet das auf der Spur der Montessori-Pädagogik skizzierte Konzept des Werte-Lernens vielfältige Anlässe, im konkreten Zusammenleben etwas zu verändern und damit Hoffnung und das Zutrauen in die eigenen Kräfte aufzubauen.

Wahr ist allerdings, dass diese Wert-Arbeit nicht immer leicht und glatt zu erledigen ist. Aber ich erkenne im Konzept Maria Montessoris einen Glücksfall des Werte-Lernens, der Anthropologie, Ethik und ökologisches Denken produktiv miteinander verbindet. Die Chancen eines solchen Konzepts hat sie selbst mit folgenden Sätzen beschrieben: Wenn Kinder selbständig wachsen und dies auch selbst wahrnehmen können, entsteht ein Zustand innerer Disziplin,

> *„deren deutlichste Auswirkungen wir damit vergleichen können, was wir als ‚Respekt für die Arbeit und Rücksichtnahme auf die Rechte anderer' bezeichnen würden (...) Aus dieser Arbeit ergibt sich keine ‚moralische Isolierung'; im Gegenteil, unter den Kindern besteht ein gegenseitiger Respekt, eine Herzlichkeit, ein Gefühl, das die Menschen verbindet, statt sie zu trennen.“* (2, 93)

5 „Mein Freund, der Fehler"

Montessoris Beitrag zu einer humanen Leistungskontrolle und Fehlerkultur[1]

5.1 Beobachtungen und Fragen

Bis vor wenigen Jahren war alles eindeutig und übersichtlich: Der Fehler ist eine Abweichung von einer Norm, die zu erfüllen ist. Wer Fehler macht, versagt; leistungsorientiertes Lernen bedeutet, Fehler auszumerzen; gut ausgebildet ist, wer keine Fehler mehr macht. Doch diese Auffassung ist mittlerweile ein wenig gebrochen. „Lob des Fehlers" nannte Reinhard Kahl vor einigen Jahren eine Fernseh-Senderreihe und kehrte die gewohnte Sichtweise um. Und als Festschrift für den Erziehungswissenschaftler und Psychologen Fritz Oser erschien ein Sammelband mit dem Titel „Fehlerwelten". (Althoff, 1999) Ein neues Interesse am Phänomen des Fehlers und an einer differenzierteren Betrachtung ist in Gang gekommen.

- Lässt sich der Begriff des Fehlers differenzieren? Gibt es unterschiedliche „Klassen" von Fehlern?
- Wer definiert, was ein Fehler ist – oder: Wer setzt die Normen, deren Verfehlung als „Fehler" aufgefasst wird?
- Welche anthropologischen Implikationen liegen dem traditionellen Fehlerkonzept zugrunde? Was bedeutet das Ideal der Fehlerlosigkeit, das Ziel der Perfektion?
- Welche Folgen hat das traditionelle Fehlerkonzept für den Einzelnen? – Welche gesellschaftlichen Aspekte sind im Spiel? (Stichwort: Schulqualität)

---

[1] Dieses Kapitel wurde in anderer Form bereits veröffentlicht in: Ludwig (Hrsg.) 2001.

Diese Fragen zeigen das breite Spektrum der gegenwärtig diskutierten Probleme in den „Fehlerwelten". Es versteht sich von selbst, dass sie in der gebotenen Kürze nicht annähernd zu bearbeiten sind. Einige – ziemlich unvollständige – Hinweise müssen genügen.

5.2 Aspekte der gegenwärtigen Diskussion

5.2.1 Zur Frage der Klassifizierung

Zweifellos muss sich jede Beschäftigung mit dem Fehler auf die schon genannte Grund-Auffassung stützen: Ein Fehler ist eine Abweichung von einer Norm. Die Differenzierung beginnt folgerichtig bei einer Unterscheidung unterschiedlicher Normen:

- Da gibt es einmal auf *Wissen* bezogene Normen: Wissensbereiche mit eindeutigen Gesetzmäßigkeiten (jedenfalls im Bereich schulischen Lernens) wie beispielsweise Mathematik. Der Anspruch, der sich mit dieser Norm verbindet, ist, über eine umfassende, stimmige Information zu verfügen. Fehler bedeuten hier mangelnde oder unvollständige bzw. falsche Informationen über den betreffenden Sachverhalt.
- Als zweites sind Normen zu nennen, die sich auf *technisch-funktionale Probleme* beziehen. Der Anspruch, der diese Norm begleitet, ist das fehler- und reibungslose Funktionieren. Wer nicht weiß, wie man beispielsweise eine Maschine bedient oder sich im Straßenverkehr zu verhalten hat, macht einen – unter Umständen folgenreichen! – Fehler.
- Schließlich ist der weite, komplexe Bereich von *Verhaltensnormen* anzusprechen, angefangen bei den üblichen Regeln des alltäglichen Zusammenlebens bis hin zu zentralen ethischen Konflikten. Wer solchen Normen nicht gerecht wird, handelt in Unkenntnis – oder, falls er diese bewusst verfehlt, gilt sein Handeln nicht mehr als „Fehler", sondern als (schuldhafte) Verfehlung. (Es wird beispielsweise als äußerst inadäquat empfunden, wenn ein Politiker öffentlich seinen Verstoß gegen geltendes Recht als bloßen „Fehler" bezeichnet.)

Es liegt auf der Hand, dass für die unterschiedlichen Typen von Normen und „ihren“ Fehlern auch unterschiedliche Begründungen gelten: Bei den beiden ersten Typen handelt es sich um relativ objektive, in der Sache selbst erkennbare und aus ihr ableitbare Normen. Der dritte Typ dagegen muss in seinem Anspruch und Geltungsbereich eigens begründet werden. Solche Begründungen werden aus übergeordneten Normen hergeleitet, z. B. aus religiösen Setzungen, aus dem verbindlichen Kanon der Menschenrechte oder sie werden im Diskurs gewonnen.

Edelstein (1999, 113ff) weist nun darauf hin, dass im praktischen Schulleben noch eine ganz andere „Klasse von Erscheinungen“ bestimmend ist: Die *Konventionen.* Sie können sich nicht auf strukturelle oder normative Begründungen stützen, „sie erfordern vielmehr Gehorsam, bloß weil es sie gibt“. (Ebd., 113) Als Beispiele wären die Regulierungen des Schullebens zu nennen. Unter Bezugnahme auf die Rechtschreibung, die ja auf Konventionen beruht, demonstriert er, wie Konventionen unter der Hand zu quasi objektiven Normen erhoben werden.

5.2.2 Zur Frage der Definition von Normen und Fehlern in der Schule

Im Blick auf schulisches Lernen werden die oben genannten Ansprüche als schulische Leistungsanforderungen formuliert. Die Schüler sollen

- über ein verlässliches Wissen verfügen, das sie flexibel im Rahmen unterschiedlicher Anforderungen einsetzen können.
- ein solides Know-how besitzen, mit dem sie sich in der Welt der Technik sicher orientieren können.
- sich auf ein Repertoire von verlässlichen Verhaltensnormen stützen.

Diese Anforderungen spiegeln gesellschaftlich formulierte Erwartungen und Bedürfnisse. Die Lernenden sollen tüchtig gemacht werden für eine erfolgreiche Teilnahme an gesellschaftlichen – und das heißt weithin: ökonomischen Prozessen. Im Rahmen dieses Denkmodells werden „Leistung“, ihre Beobachtung und Bewertung durch gesellschaftlich definierte Qualifikationen und Normen festgelegt; Lernen ist das Bemühen, diesen Standards gerecht zu werden.

5.2.3 Zum anthropologischen Aspekt traditioneller Fehlerkonzepte

In unserer Gesellschaft werden Kinder und Jugendliche in aller Regel als unvollständige Menschen aufgefasst, die zu ihrer Personwerdung auf die Belehrung, Unterweisung, Formung, kurz: Erziehung durch die Erwachsenen, angewiesen sind.

Im Rahmen schulischen Lernens wird die Entwicklung der Schüler weitgehend am Maß gesellschaftlich definierter Leistungsnormen ermittelt: Ein „guter Schüler" ist, wer die geforderten Leistungen möglichst perfekt erbringt, ein „schlechter Schüler" ist mit vielen Fehlern behaftet.

Diese Forderung nach Perfektion gehört überhaupt zu den stärksten gesellschaftlichen Kräften der Gegenwart.

Einige Beispiele:

- Im Blick auf die *Körperästhetik* gilt das Ideal der jugendlichen, faltenlosen, schlanken, makellosen Figur. Fast jeder unterwirft sich diesem Anspruch. Fitness-Programme, Schlankheitskuren und Schönheitschirurgie sollen dafür sorgen, dass man ihm gerecht wird.
- In der *Arbeitswelt* werden perfektes Funktionieren, fehlerfreie Arbeitsabläufe als selbstverständlich vorgegeben. Wer diese Leistung nicht bringt, wird als Versager ausgegrenzt und nach Möglichkeit aus dem Arbeitsprozess entfernt.
- Die Macht der Perfektion zeigt sich vielleicht am augenfälligsten in der *Schule* – jedenfalls für die, die mit Lehren und Erziehen zu tun haben. Lernen wird ja weitgehend als Weg zur Fehlerfreiheit praktiziert. Fortschritte erfahren die Schüler als Abbau von Fehlern, als Annäherung an die Norm der Fehlerfreiheit – ein Prozess, der von den Lehrenden durch entsprechende Leistungsnoten markiert und vorangetrieben wird. Wer nicht funktioniert, wird letztlich abgewertet und bleibt zurück.

Unter solchen Voraussetzungen muss der Fehler als Feind wahrgenommen werden, der die eigene Identität bedroht, die Existenz gefährdet. Aber der Mensch ist kein Gerät, sondern ein Lebewesen. Seine Bestimmung ist nicht das Funktionieren, sondern das Wachsen. Wo er der Herrschaft des Statisch-Perfekten unterworfen wird, geht ein zentraler Aspekt seiner Menschlichkeit verloren.

Dafür gibt es schon immer ein Gespür: Weil eine allzu glatte Schönheit als un-ansehnlich empfunden wurde, klebten sich die Damen einst kleine Flecken ins Gesicht – Schönheitspflaster nannten sie das. Und bis heute gelten Menschen, die sich fehlerlos darstellen, als Wesen, denen ein Stück Menschlichkeit fehlt. Weiter: Ein Bild, das vollendete Harmonie ausstrahlt (möglicherweise durch Symmetrie), empfinden wir vielleicht als ansprechend, aber wir mögen es nicht, weil es langweilig und spannungslos ist. Hier zeigt sich der Charme des Unvollständigen, Im-Perfekten, Beeinträchtigten. Die Beispiele aus der alltäglichen Erfahrung signalisieren, dass das Fehlerhafte, Unvollkommene offenbar untrennbar zum Menschlichen gehört und zwar nicht als Makel oder Gebrechen, sondern als Teil der menschlichen Grundausstattung.

Die Folgen von Konzepten, die am Anspruch der Perfektion Maß nehmen, sind bekannt:

Die *Angst vor dem Fehler* blockiert die Kreativität, verhindert eine stetige Entwicklung. Man ist froh, dass man „fertig“ ist, sich nicht mehr mit Neuem auseinandersetzen muss, was ja immer Risiken einschließt. Es kommt zu einer Einstellung, die man als „Neophobie“ bezeichnet, Furcht vor dem Neuen, Unerwarteten, nicht Eingeplanten.

Die Festlegung auf *überprüfbare, tadellose Erfolge* setzt als Handlungsmaßstab die sofort einlösbare Effektivität: Lohnt sich überhaupt, was ich erwäge? Damit wird die gelassene Orientierung an langfristigen Zielen und Erfolgen blockiert.

Und da, wo die Person sich über die möglichst glatte Anpassung an die *Norm des Perfekten* definiert, stellen sich Angst vor „Versagen“, Abwertung des nicht hundertprozentig Vollkommenen bei sich selbst und anderen ein. Man macht sich abhängig von fremdbestimmten Normen, beugt sich permanent dem Urteil anderer.

Die Furcht, den von außen gesetzten Ansprüchen nicht zu genügen, erzeugt ein Klima des permanenten *Konkurrenzdrucks.* Die Fehler des anderen werden als Chance gewittert, selbst Boden gut zu machen.

Ferner ist anzumerken, dass Erfolgszwang und Konkurrenzdruck dafür sorgen, dass Fehler *versteckt* werden. Das kann sich so äußern, dass man Fehler verschweigt oder zu vertuschen versucht oder sie ganz verdrängt. Bei Menschen, die in ständiger Versagensangst leben müssen, weigert sich unter Umständen das Unterbewusstsein, Fehlerverhalten überhaupt noch wahrzunehmen.

Schließlich ist festzuhalten, dass das traditionelle Fehlerverständnis die *Interaktion* in der Schule sehr einseitig fixiert: Die Lehrenden sind Agenten der gesellschaftlich formulierten Leistungsansprüche und sorgen dafür, dass sie möglichst wirkungsvoll eingelöst werden. Die Lernenden sind „Adressaten" dieser Ansprüche; ihre Leistung besteht darin, dass sie diesen möglichst effektiv und reibungslos gerecht werden.

5.3 Montessoris „person-zentrierter" Ansatz

Maria Montessori hat dem Fehler und dem Umgang mit ihm große Aufmerksamkeit gewidmet. (2, 220ff) Wie bei allen erzieherischen und didaktischen Problemen rückt sie das Thema in den Zusammenhang anthropologischer und pädagogischer Reflexion und stellt fest: Solange der Erzieher auf seiner vorgeblichen Fehlerlosigkeit beharrt, solange er es als seine Aufgabe betrachtet, das Kind nach seinem Vorbild zu formen und zu leiten, wird es keine Veränderungen zum Guten geben – weder beim Kind noch beim Erzieher selbst.

> *„Wonach suchen wir eigentlich wirklich im Kind? Fast immer sind wir auf Ausschau nach Fehlern – nicht nur nach denen, die es gemacht hat, sondern auch nach denen, die es machen könnte (…) Jemand, der einen anderen liebt, findet in ihm alles Gute, was nur möglich ist – nicht nur offensichtliche Vorzüge, sondern auch verborgene Tugenden."* (5, 11)

Dieser neue Blick – Montessori spricht auch von der „Schaukraft der Liebe“ – nimmt im Kind nicht den „Zögling“ wahr, der zu bilden und zu formen ist, sondern den Menschen, der seine eigene Person aufbaut. Hier stoßen wir wieder auf das Urgestein der Anthropologie Montessoris. Aus ihr folgt: Die Leistung des Kindes, auf die alles ankommt, ist der Aufbau seiner Person. Was diese Person ausmacht, wird nicht gesellschaftlich definiert, sondern ist jedem Kind mitgegeben und eingegeben.

Welche Folgerungen für Leistungsbewertung und Fehlerkontrolle zieht Montessori aus diesem Grundkonzept? In „Schule des Kindes“ schreibt sie:

> *„So wird es besser sein, dem Fehler gegenüber ein freundschaftliches Verhalten an den Tag zu legen und ihn als Gefährten zu betrachten, der mit uns lebt und einen Sinn hat – und den hat er wirklich (…) Wenn wir der Vollkommenheit entgegengehen wollen, müssen wir auf die Fehler achten; denn die Vollkommenheit wird nur durch deren Verbessern erreicht.“* (2, 222)

Sie möchte den Lernenden die Chance zu bieten, ohne Aufsicht durch den Erwachsenen die eigene Arbeit zu prüfen und einzuschätzen („immanente Fehlerkontrolle“). Damit eröffnet sie einen weiten Freiraum eigener Aktivität und stärkt auf die Dauer das Selbstbewusstsein und die Eigenverantwortung der Kinder ganz ungemein:

> *„Die Erkenntnis, dass wir einen Fehler begehen können und ihn ohne Hilfe sehen und kontrollieren können, ist eine der größten Errungenschaften der psychischen Freiheit.“* (Ebd. 223)

Es wird darauf ankommen, dass Erzieher und Lehrer auch da, wo eine materialimmanente Fehlerkontrolle nicht möglich ist, den Kindern in diesem Sinne behilflich sind, ihnen den Fehler als „Freund“ nahe bringen und ihnen die selbständige Verbesserung und eigenständige Fortschritte ermöglichen. Diesen Geist gemeinsamer Suche nach Fehlern und ihrer Überwindung unterstreicht Maria Montessori mit folgenden

Sätzen: „Aus dieser Fehlerkontrolle entsteht eine Form der Brüderlichkeit; Fehler trennen die Menschen, aber die Kontrolle über diese ist eine Möglichkeit, sie zu vereinen." (Ebd., 226)

Diese Textpassagen enthalten einige bemerkenswerte Aspekte:

- Die selbständige Fehlerkontrolle ist der Motor der Entwicklung der Person.
- Sie schafft Freiheit und Selbstvertrauen.
- Sie verändert die Interaktion: Aus Konkurrenz und Spannung wird „Brüderlichkeit".

Kurz: Der Leistungsbegriff Montessoris bezieht sich nicht auf vorgegebene Leistungsnormen, sondern auf die Entwicklung der Person im sozialen Kontext.

5.4 Montessori im Kontext gegenwärtiger Fehler-Konzepte

Ist das vor Jahrzehnten entwickelte Konzept Montessoris noch aktuell? Kann es für die heutige Theorie und Praxis Impulse geben?

5.4.1 Der Fehler – ein Treibsatz menschlicher Entwicklung

Die Fähigkeit, etwas Unvollkommenes zu tun, einen Irrweg zu gehen, eben: Fehler zu machen, ist unentbehrlich für die Entwicklung. Das war eigentlich schon immer in der Geschichte der Kulturen und Zivilisationen erkennbar, ist aber wohl erst im Zusammenhang mit der gegenwärtigen Fehlerdiskussion deutlicher bewusst geworden. Gerade die scheinbaren Irrtümer, Umwege, Umgehungen geltender Normen haben die Kreativität und geistige Produktivität aufs Höchste beflügelt. Oft ist der Fehler das Tor zum neuen, unbekannten Land gewesen.

Es scheint, als ob dieser Umgang bei den Kindern noch am deutlichsten aufgehoben ist. Sie wachsen ganz selbstverständlich und unbefangen durch Fehler, oder besser gesagt durch Irrtümer und Umwege. Ihr „Fehler" im traditionellen Sinn wäre allenfalls, dass sie nicht immer zielgerichtet und unverzüglich das jeweils Effektivste tun. Das hängt u. a. mit folgenden Faktoren zusammen:

- Kinder können noch nicht die Folgen ihres Tuns abschätzen, darum sagt man auch: Sie handeln unbedacht, sie gehen mit vollem Einsatz an etwas heran, auch wenn es nicht perfekt und effektiv, im gängigen Sinn also „falsch“ ist.
- Sie kennen – im Vergleich zu den Erwachsenen – weniger Alternativen, unter denen sie begründet wählen könnten. Sie lernen ja erst durch das Ausprobieren und Verwerfen (Versuch und Irrtum).
- Sie leben offen, neugierig und experimentell; sie versprechen sich von jedem Versuch etwas. Darum kommen sie so erstaunlich voran. Die hier gemeinte Sache wird unter der Bezeichnung „entdeckendes Lernen“ verhandelt. (Fauser 1993, Foster 1993; Zocher 2000)

Kinder haben also ein ausgesprochen positives Verhältnis zum Fehler, zum Umweg und Irrtum. Sie schämen sich folglich auch nicht, wenn sie Fehler machen, das Gefühl des Versagens wird erst durch die Erwachsenen an sie heran getragen.

Was können Erwachsene von den Kindern lernen?

Sicher lässt sich dieses Verhalten von Kindern nicht einfach auf Erwachsene übertragen. Sie tragen ja viel mehr Verantwortung für andere und müssen darum planvoller und gezielter vorgehen. Und eine Lebensgeschichte, in der es negative Erfahrungen mit offenem, nicht angepasstem Verhalten gab, lässt sich nicht ohne weiteres aus dem Weg schaffen.

Es gilt vielmehr, den kindlichen Umgang mit dem Fehler bewusst in die eigenen Lebensumstände und Möglichkeiten zu transformieren. Man sagt auch: von der ersten zur zweiten Naivität vorangehen. Insgesamt könnten die Erwachsenen beim Blick auf die Kinder (wieder) entdecken, dass der Fehler zu ihren größten Entwicklungsressourcen gehört.

Solche Entdeckungen könnten durch folgende Gedanken gefördert werden:

- Die Bearbeitung des Fehlers schult die Kräfte und Fähigkeiten.
- Die reflektierte Auseinandersetzung mit dem Fehler stimuliert die

kritische Frage nach den Normen – nicht alles, was mir als Makel oder Fehler aufgeredet wird, ist *mein* Fehler!
- Die Beschäftigung mit dem Fehler kann die Auseinandersetzung mit der eigenen Person fördern – ich bin Subjekt meiner Entwicklung!

Wichtig wäre auch, sich in der Kunst zu üben, zu differenzieren zwischen *„objektiven" Normen*, z. B. technischen Regeln, deren Verfehlung ineffektives oder sogar gefährliches Verhalten nach sich ziehen kann und *„subjektiven" Normen*, personenbezogenen Werten und Zielsetzungen.

Diese Unterscheidung kann zur kritischen Überprüfung von gesellschaftlich gesetzten Normen führen, z. B. dem oben genannten Zwang zur Perfektion: Fördert diese Norm mich als Person oder schränkt sie ein? Das gelingt aber nur, wenn Entdeckung und Bearbeitung des Fehlers so weit als möglich mein eigener Prozess ist und nicht von außen kommt. Damit könnte sich die Bewertung des Fehlers grundlegend verändern. Man greift ihn auf, nutzt seine Energie, überwindet den Fehler und entdeckt den nächsten als Wachstumsanreiz. Der Feind wird zum Freund.

5.4.2 Mit dem Fehler zum Erfolg – Differenzierungen

„Die Lernenden selbständig ihre Fehler entdecken lassen" und: „Den Fehler als Freund wahrnehmen, der das Wachstum stimuliert" – das sind die beiden Ratschläge, die man den oben zitierten Texten Montessoris entnehmen kann. Die folgenden Überlegungen gehen der Frage nach, wo und wie sich diese Grundgedanken in der heutigen pädagogischen Praxis entfalten und transformieren können. Dazu werden im folgenden zunächst mögliche Lern- und Fehlersituationen identifiziert.

Erlernen von Sachwissen und technisch-funktionalen Kenntnissen
Hier lässt sich in aller Regel eindeutig feststellen, was richtig und falsch ist. Erfolgreich arbeitet, wer möglichst fehlerfrei vorgeht. Ziel der Fehlerarbeit muss sein, effektive Methoden zur Fehlervermeidung zu erwer-

ben. Natürlich ist auch in diesem Bereich experimentelles und entdeckendes Lernen möglich und sinnvoll, das Irrtümer und Fehler einschließt, aber hier wird die Möglichkeit des Fehlers bewusst als methodischer Kunstgriff einbezogen.

Erlernen von Verstehens- und Gestaltungsfähigkeiten

Hier geht es um wachsende Fähigkeiten vor allem im sprachlichen und ästhetischen Bereich. Diese werden kaum durch das Ausmerzen von Fehlern erworben, sondern vor allem durch Imagination, Erforschen, Experimentieren. Erfolgreich arbeitet, wer stimmige Wege zum Verstehen gefunden hat, einleuchtend interpretieren und überzeugend gestalten kann.

In diesen Zusammenhang gehört auch die Fähigkeit, sich mit Vorgaben, geltenden Normen, festgestellten Sichtweisen kritisch und produktiv auseinander zu setzen und nach eigenen Wegen zu suchen.

Erlernen von erfolgreichen Arbeitswegen und wirksamen Lernmethoden

Zu den angestrebten Qualifikationen gehören Fähigkeiten wie die Arbeit selbst zu verantworten, das eigene Vorgehen selbständig zu planen und zu organisieren, zusammen zu arbeiten. Solche Fähigkeiten entwickeln sich aus Erfahrungen – und damit auch aus Irrtümern, Umwegen und Fehlern und können Lernprozesse unterstützen, wenn sie bewusst wahrgenommen und als Anreiz zu besseren Lösungen erkannt werden. Dies kann durch eine behutsame und beratende Begleitung durch den Unterrichtenden unterstützt werden.

Aneignen von stimmigen Verhaltensmaßstäben und sozialen Handlungsmustern

Dieser Aspekt der Fehlerarbeit ist wohl der sensibelste und schwierigste. Allzu groß scheint die Gefahr, die Heranwachsenden nach eigenen Maßstäben und Regeln zu formen. Die Erziehenden werden sich darauf beschränken, die Lernenden zur Entdeckung von Grundwerten anzuregen und sie bei der Übersetzung in die alltägliche Praxis zu beraten und zu unterstützen. Dabei ist auch hier das Lernen aus Fehlentscheidungen und Irrtümern ein unentbehrlicher Treibstoff der Entwicklung.

Diese Übersicht verdeutlicht die Komplexität der Fehler-Arbeit. Es zeigt sich, dass es längst nicht mehr nur um das Aufspüren, Beurteilen, Ausmerzen und Vermeiden von Fehlern geht, sondern darum, dass die Stimmigkeit, der Erfolg einer Arbeit festgestellt und bewertet wird.

5.4.3 Fehlerwissen und Strategien

Die interessantesten und ergiebigsten Ideen zur Fehlerarbeit stammen von Fritz Oser und seinen Mitarbeitern sowie Kollegen, die unter dem Stichwort „Fehlerkultur" zusammen forschen.[2] Die meisten Arbeiten beziehen sich auf die Theorie des „negativen" Wissens, die Fritz Oser entwickelte (zuletzt Oser u. a., 1999). Der Begriff meint, dass gerade aus Fehlern gelernt wird. Das durch Erfahrung erlernte Wissen, wie etwas nicht sein soll (eben das „negative" Wissen oder das Fehlerwissen) macht das Richtige bewusst und stabilisiert es. Da es künftig vor den gleichen Fehlern schützen wird, nennt Oser es auch „Schutzwissen". Es baut sich auf, wenn Fehlermachen in der Schule nicht nur enttabuisiert, sondern als Lernanlass auch ausdrücklich gefördert und reflektiert wird. Das selbst erworbene Fehlerwissen wird ergänzt durch das Lernen aus Fehlern anderer; Oser nennt dies „advokatorisches Fehlerlernen". (Ebd., 21ff)

Alle Bemühungen, Fehlersituationen als Lernsituationen zu nutzen, können nur gelingen, wenn sie sich auf ein fehlerfreundliches Klima stützen können. Franz Hammerer notiert: „Der konstruktive Umgang mit dem Irrtum und Fehler erfordert Zeit, fachdidaktische Kompetenz und eine positive Klassenatmosphäre." (Hammerer, 2001, 41)

Oser und seine Mitarbeiterinnen konkretisieren:

> *„Eine Pädagogik, die Fehlermachen sinnvoll erlaubt, muss anders gestaltet sein als eine Schule, die allein darauf bedacht ist, nur das Richtige zuzulassen, zu vermitteln, zu verstärken oder zu betonen. Die Erziehenden müssen die Möglichkeit des Fehlermachens systematisch so einbauen, dass das Verbessern, Richtigstellen, Nochmals-Tun, Reflektie-*

[2] Vgl. v. a. den aufschlussreichen Sammelband „Fehlerwelten" von Althof, 1999.

ren über Fehler ein wichtiger Teil des Lernablaufs wird." (Oser u. a., 1999, 23)

Es kommt darauf an, dass sich das Interesse nicht mehr vorrangig auf die Vermittlung von Kenntnissen über Sachverhalte richtet, sondern auf den Erwerb von Fähigkeiten, die nachhaltiges, selbständiges Lernen ermöglichen. (Vgl. dazu auch Kapitel 7 zum Stichwort „Schlüssel zur Welt".)

Faktoren, die das effektive Fehlerlernen erschweren oder verhindern:

- ein Klima, in dem die Lernenden sich ständig beobachtet, geprüft und bewertet fühlen;
- das Publikmachen von individuellen Fehlern bzw. unstimmigen oder unzureichenden Arbeitsergebnissen, was Demütigung und oft auch Ausgrenzung zur Folge haben kann;
- das „Bermuda-Dreieck der Fehlerkorrektur". So bezeichnen Oser und seine Mitarbeiterinnen die – leider sehr verbreitete – Methode, dass der Unterrichtende bei der falschen Antwort eines Schülers gleich einen anderen aufruft, der die Antwort korrigiert. Diese „negative Verstärkung" führt zur Bloßstellung und zum Frust (Oser u. a., 1999, 26f).

Faktoren, die das effektive Fehlerlernen begünstigen:

- ein Klima, in dem offen über Fehler als Lernanreiz gesprochen werden kann;
- die Beschäftigung mit dem Fehler, bei der nicht nur der falsche oder unvollständige Inhalt festgestellt, sondern genau besprochen wird, auf welchem Weg das fehlerhafte Resultat zustande kam und auf welchem Weg eine bessere Lösung erreicht werden kann.

5.4.4 Person und Interaktion

Wo die Lernenden nicht mehr nur Adressaten von Lehrinhalten, sondern aktiv am Lernprozess beteiligt sind, gewinnen die personale Dimension und die unterrichtliche Interaktion an Bedeutung. Dies zeigt sich auch deutlich in den neueren Untersuchungen. Im Hinblick auf die *Lernenden* ist wichtig, dass sie so weit als irgend möglich an der Identifikation und Verbesserung der Fehler beteiligt sind. Darauf machte schon in den zwanziger Jahren Hermann Weimer, der Begründer einer reflektierten Fehler-Pädagogik aufmerksam. (Vgl. dazu Glück, 1999)

Wo ein Klima offenen Umgangs mit dem Fehler herrscht, wo unvollkommene Leistungen nicht als Ausdruck von Dummheit oder Trägheit gelten, wo der ständige vergleichende Wettbewerb in den Hintergrund tritt, kann auch die *kooperative Arbeit* gedeihen. Die Lernenden können gegenseitig ihre Arbeit begutachten, gute Lösungen anerkennen, Schwachstellen aufspüren, gemeinsam nach besseren Lösungen suchen.

Auch für den *Unterrichtenden* kann die Arbeit an einer Fehlerkultur Herausforderung und Chancen bieten. Ihm wird zunächst einmal didaktische Kompetenz abverlangt, damit es nicht zu ungewollten und unnötigen Fehlersituationen kommt. Soziale Kompetenz muss hinzutreten, damit nicht festgefahrene Sichtweisen, Vorurteile und unkontrollierte Emotionen den Erfolg beim Fehlerlernen blockieren. (Spychiger u. a., 1999, 46ff) Insgesamt wird von dem Unterrichtenden erwartet, dass er bereit ist, den Lernenden mit den Grundsätzen „der Zu-Mutung und des Vertrauensvorschusses" zu begegnen. (Oser; zitiert nach Spychiger u. a., 1999, 45, 48, 53) Er traut und mutet den Lernenden zu, dass sie bereit und in der Lage sind, ihre Fehler zu erkennen und aus ihnen zu lernen.

Ein weiterer unverzichtbarer Aspekt einer Fehlerkultur ist schließlich, dass der Unterrichtende bereit ist, auch eigene Fehler wahrzunehmen und auszusprechen. Dies wird seine Autorität nicht mindern, sondern stärken. Und es wird ihn auch von dem durch die traditionelle Lehrerrolle fixierten Zwang entlasten, als letztlich unfehlbarer Experte vor der Klasse zu stehen.

Damit sind wir schon sehr nahe an den Grundgedanken Maria Montessoris, die ja fordert, dass der Unterrichtende seine gewohnte Position aufgibt, als fehlerloses Vorbild die Person des Kindes zu formen und zu erziehen. Sie insistiert darauf, dass die Lernenden die Chance haben, ohne Bevormundung die eigene Arbeit zu prüfen und einzuschätzen.

Diese radikale Sicht hat ihre Wurzeln, wie bereits besprochen, in der Anthropologie Montessoris.

5.4.5 Effektivität

Ist das alles aber vielleicht nicht doch nicht mehr als eine individualpsychologische Spielwiese weltfremder Theoretiker? Montessori machte sich darüber offenbar keine Sorgen. Sie wusste, wenn die Basis-Leistung, der selbständige Aufbau der Person, gelingt, kann man damit rechnen, dass diese Heranwachsenden gesellschaftlich tüchtig sind. Denn sie haben die Schlüsselqualifikationen gewonnen, auf dies es ankommt: Selbständigkeit, Eigenverantwortung, Initiative, Teamfähigkeit, Kreativität. Ebenso sind Oser und seine Mitarbeiterinnen überzeugt, dass eine gute Fehlerkultur einen wesentlichen Beitrag zur Sicherung und Verbesserung der Schulqualität leisten kann. (Spychiger u. a. 1999) Sie verweisen auf wichtige Fähigkeiten wie Innovationsfähigkeit und Kreativität, außerdem auf Eigeninitiative, Wissen über Abläufe und Zusammenhänge, die allesamt durch eine gute Fehlerkultur gefördert werden können.

5.5 Selbständige Feststellung des Lernerfolgs – Schritte zur Praxis

5.5.1 Der pädagogische Ansatz

Auf der Spur von Montessoris Gedanken ist entscheidend, Leistungskontrolle nicht als ein technisch-methodisches Problem, sondern als pädagogische Aufgabe wahrzunehmen. Basis müssen folgende Fragen sein:

- Welche Bedeutung hat ein bestimmter Lernvorgang, eine bestimmte Arbeitsleistung für die Entwicklung der Heranwachsenden?
- Welche Möglichkeiten der selbständigen Einschätzung und Bewertung ihrer Leistung haben sie?

Besonders gute Möglichkeiten, ein schülerorientiertes, personbezogenes Konzept der Bewertung einzulösen, bietet die *Freiarbeit.* Die individuelle Leistungsvergewisserung ist sozusagen in stimmige Materialien eingebaut. Dazu kommt, dass die Kleingruppe viele Möglichkeiten birgt, die eigene Leistung in der Interaktion zu betrachten und zu bewerten. Den gleichen Effekt bietet die Projekt- und Produktorientierung. Schließlich ist nicht zu unterschätzen, dass die Rücknahme des Frontalunterrichts viele Anlässe zu informellen, vertrauensvollen Gesprächen mit Schülern eröffnet. Ich will diese Chancen vor allem anhand eines fächerübergreifenden Freiarbeitsmaterials zum Thema „Symbole" konkretisieren (Berg/Weber, 2000).

5.5.2 Die praktische Umsetzung

a. Materialimmanente Kontrolle

Dieser Vorschlag geht auf Montessoris bereits erwähntes Prinzip der „immanenten Fehlerkontrolle" zurück. Viele ihrer Materialien sind so angelegt, dass die Kinder selbst feststellen können, ob sie die Aufgabe richtig gelöst haben. Der Anwendung sind in der Praxis allerdings Grenzen gesetzt: Schon bei den Montessori-Materialien selbst ist die Kontrolle nur dann anwendbar, wenn es sich um ganz eindeutige, überprüfbare Sachverhalte handelt. Man wird darauf verzichten, wenn es um komplexere Fragen, um Gestaltungsarbeiten oder um Aufgaben der Text- oder Bildinterpretation geht. Ich schlage darum vor, statt von „immanenter Fehlerkontrolle" von „selbständiger Feststellung des Erfolgs" zu sprechen.

Welche Konsequenzen zeigen sich für die Freiarbeit? Oft wird der Schluss gezogen, man müsse eben bei komplexeren Aufgaben bzw. beim kreativen Arbeiten auf dieses Instrument selbstbestimmten Lernens verzichten. Oder man reduziert die Freiarbeit auf Faktenwissen, das sich mit „richtig" oder „falsch" bemessen lässt. Ich halte beides für eine Engführung.

Wir haben versucht, einen dritten Weg zu gehen, in dem wir die „Beispielkarte" erfanden. Sie gibt den Lernenden nach Abschluss der eigenen Arbeit kein „Lösungsblatt", was ja der Vielschichtigkeit und Mehrdeutigkeit der in vielen Fächern und Aufgabenstellungen verhandelten Sachen nicht gerecht würde! Aber die Schüler erhalten eine „Beispielkarte", die die Richtung andeutet, die sie bei der Bearbeitung der Aufgabe einschlagen sollten. Damit haben sie Anhaltspunkte für die Überprüfung ihrer Arbeit, ohne auf bestimmte Sichtweisen oder Formulierungen festgelegt zu sein.

Die Sprache der Bilder: Symbole verstehen Karte 18

ARBEITSKARTE

Stell dir vor, dieses *Symbolbild* würde verschiedenen Menschen gezeigt:
a. einem Urlauber
b. einem Bauern bei der Ernte
c. einem Hersteller von Regenbekleidung
d. einem Menschen, der sich in der Wüste verirrt hat.

Welche unterschiedlichen *Gefühle* würde das Symbolbild wohl bei diesen Menschen auslösen?

Überlege dir, woran das liegen könnte – alle sehen doch genau das gleiche Bild. Schreibe einige Gedanken in dein Heft / deinen Ordner!

Die Sprache der Bilder: Symbole verstehen Karte 19

BEISPIELKARTE

Das Regenbild würde bei den vier Menschen wohl diese *Gefühle* auslösen:

Urlauber: Enttäuschung, Wut, Ärger, Niedergeschlagenheit ...
Bauer: Hoffnungslosigkeit, Wut, Angst ...
Regenbekleidungshersteller: Freude, Hoffnung, Glück ...
Mensch in der Wüste: Erlösung, Rettung, Hoffnung ...
Jeder dieser Menschen hat unterschiedliche *Hoffnungen* und *Wünsche*.

Jeder „liest" das Bild auf seine Art – je nach dem, welche *Erfahrungen* er gemacht hat: Der Urlauber hat schlechte Erfahrungen mit Regen gemacht – der verirrte Mensch in der Wüste wünscht sich nichts sehnlicher als Wasser!

Das Beispiel zeigt einen Ausschnitt aus unserem „Symbol-Material", das dazu dient, das Verständnis von Symbolen zu vertiefen. Die „Arbeitskarte" regt dazu an, den Erfahrungsbezug von Symbolen zu reflektieren; die „Beispielkarte" nennt Möglichkeiten einer stimmigen Stellungnahme. Solche „Beispielkarten" haben wir in großer Zahl eingesetzt, um den Lernenden die Möglichkeit der Selbstkontrolle und eigenständigen Bewertung ihrer Arbeit zu ermöglichen.

Oft äußern Lehrer die Befürchtung, dass die Lernenden „schummeln", indem sie die Beispielkarten benutzen, bevor sie sich um eigene Lösungen bemüht haben. Diese Sorge wird jedoch in dem Augenblick gegenstandslos, in dem die Arbeit von dem im „Normalunterricht" ständig anwesenden Druck der selektierenden Beurteilung befreit ist. Wenn Schüler das erkannt haben, verspüren sie ebenso wenig Lust zum „Schummeln", wie sie bei einem Rätsel gleich nach der Lösung schauen würden.

b. Leistungsbeobachtung und Leistungsbewertung im sozialen Kontext

Von großem Wert für die selbständige Feststellung des Lernerfolgs ist die Interaktion in der Lerngruppe. Dabei hat die *Darstellung von Arbeitsergebnissen* eine bedeutende Funktion:

- Sie zeigt den einzelnen Schülern, ob sie erfolgreich und stimmig gearbeitet haben. Hierbei sind sie nicht (mehr) vom Urteil des Unterrichtenden abhängig, sondern Kooperation und Vergleich ermöglichen ihnen eine Selbsteinschätzung.
- Sie erfahren, dass ihre Arbeit mehr ist als die Erfüllung schulisch geforderter Leistungen, weil sie etwas produzieren, das für alle bestimmt ist.
- Sie erleben, dass die kreative Kooperation Erfolg verspricht.

Die Lernenden merken, ob sie genügend Informationen aufgenommen bzw. sich intensiv genug in das Material eingelebt und eingearbeitet haben, um die Aufgaben zufriedenstellend zu lösen. Hierbei geht es nicht nur um die Aneignung von Wissen und Können, sondern auch um die eigene Einschätzung der Freiarbeits-Leistung: Habe ich so viel geschafft, wie ich mir vorgenommen hatte? Wie schätze ich selbst mein Arbeitsverhalten ein? Bin ich mit den Ergebnissen zufrieden? Wie nehmen die anderen Schüler mich und meine Leistung wahr?

In der Freiarbeit, aber auch im gebundenen Unterricht bieten sich viele Anlässe für solche produktiven Selbstbeurteilungen im sozialen Kontext.

c. Begleitung und Unterstützung im Blick auf die Entwicklung der Person

Eine der wichtigsten Hilfen ist wohl, dass die Kinder die Möglichkeit haben, ihr eigenes Wachstum bewusst wahrzunehmen.

- Der Erzieher/Lehrer sollte immer wieder einmal die Gelegenheit nutzen, im Einzelgespräch dem Kind zu zeigen, wo es weitergekommen ist. Dies setzt wieder die neue Perspektive voraus: Er ist nicht der, der Fehler, Defizite und Versagen zu registrieren und zu bewerten hat, sondern der helfende Begleiter, der Mut zum Wachstum macht.
- Auf dieser Basis könnte der Erzieher/Lehrer dem Lernenden dann auch helfen, erkannte Schwächen, Fehler usw. als Impulse zum Wachsen aufzugreifen – „Mein Freund, der Fehler“.

Insgesamt sollte gelten:

> „*Eine Fehlersituation wird nur dann zu einem fruchtbaren Moment im Bildungsprozess, wenn das Kind erhobenen Hauptes, also in der Sache geklärt und in der Person gestärkt, aus der Situation herauskommt.*“ (Hammerer, 2001, 40)

d. Selbständige Feststellung des Lernerfolgs und Notengebung

Ich halte es für denkbar, Elemente der formalen Leistungsbeurteilung und Notengebung in die Freiarbeit einzubeziehen. Dies ist allerdings nur sinnvoll, wenn es in einem für die Lernenden überzeugenden Rahmen Freien Lernens geschieht und als Förderung der selbständigen Feststellung des Erfolgs erkennbar ist. Dafür könnten folgende Gesichtspunkte sorgen:

- Die formale Leistungskontrolle darf nicht die einzige Aktivität im Blick auf die Feststellung des Erfolgs sein. Zumindest die Dokumentation der Ergebnisse in einem Projektheft oder einer anderen Form der „Veröffentlichung" sollte durchgeführt und auch ausdrücklich als eine Form der Beobachtung von Leistung gewürdigt werden.

- Die Möglichkeit der formalen Leistungsbewertung ist vor Beginn der Arbeit zu verabreden, Konditionen müssen abgesprochen werden.
- Formale Leistungskontrolle soll sich erklärtermaßen nur auf Teilaspekte der ganzen Freiarbeits-Phase beziehen (z. B. in Form eines Tests über ein „Pflichtmaterial").
- Formale Leistungskontrolle soll – entsprechend den Grundsätzen des Freien Lernens – den Schülern Gelegenheit geben, Erfolge und Fortschritte zu erleben. Daher bietet sich an, solche Bewertungen *zusätzlich* zu den üblichen vorzunehmen. Beispiel: Man einigt sich darauf, ein Projektheft zu benoten. Dies könnte als eine weitere Klassenarbeit bewertet werden, der Teiler bei der Notenfindung würde sich entsprechend erhöhen. Damit erhalten Schüler, die vielleicht in der verbalen Arbeit oder der kognitiven Auseinandersetzung etwas schwächer sind, Gelegenheit, ihre Fähigkeiten auszuspielen.

5.5.3 Methoden zur selbständigen Feststellung des Lernerfolgs

Abschließend sollen noch im Überblick interessante Methoden zur selbständigen Feststellung des Lernerfolgs vorgestellt werden. Einige davon wurden bereits genannt und erläutert.[3]

a. Methoden zur individuellen Erfolgskontrolle

Neben Methoden zur „immanenten Fehlerkontrolle" wie den genannten „Beispielkarten" ist hier vor allem an Verfahren zu denken, die nach Abschluss eines größeren Arbeitsvorhabens (oder wichtiger Teilschritte) den Lernenden zur Vergewisserung über den Erfolg der Arbeit anleiten.

---

[3] Vgl. dazu u. a. Guldimann/Zutavern 1999, die verschiedene Forschungsergebnisse zum Thema referieren.

Beispiele

- Arbeitsrückblick, der die einzelnen Phasen der Arbeit nachzeichnet;
- Arbeitsheft/Projektheft. Hier haben die Lernenden Gelegenheit, nicht nur einzelne Arbeitsergebnisse, die ihnen wichtig geworden sind, festzuhalten, sondern auch Fragen, Probleme usw. Hierin könnten vielleicht auch Eindrücke und Erkenntnisse aus Beratungsgesprächen mit dem Unterrichtenden aufgenommen werden.

Methoden zur Erfolgskontrolle im sozialen Kontext

- Eine der wichtigsten Methoden ist die oben vorgestellte kreative und produktive Präsentation der Arbeitsergebnisse. Sie kann übrigens auf eine lange Tradition zurückblicken: Bereits Peter Petersen schlug in diesem Zusammenhang „Ausstellungen" vor. Für die Montessori-Pädagogik hat R. Vierlinger den Vorschlag der „direkten Leistungsvorlage" als Grundlage der Beurteilung vorgeschlagen. (Vierlinger 1993, 40)
- Auch die Kooperation in der Freiarbeit (bzw. Projektarbeit) ist ein wichtiger Faktor der Leistungskontrolle im sozialen Kontext: „In der Lernpartnerschaft findet oft die erste Evaluation des Lernprozesses statt." (Guldimann/Zutavern, 1999, 217)
- Schließlich ist die Klassenkonferenz zu nennen: Lernerfahrungen und Arbeitsergebnisse werden in der größeren Gruppe diskutiert.

b. Fehlerarbeit in der Lerngruppe

Eine bessere Praxis der Erfolgskontrolle und Leistungsbewertung reicht wohl noch nicht aus, um den Lernenden (und Lehrenden!) eine veränderte Sichtweise auf den Fehler ins Bewusstsein zu heben. Es sollten immer wieder Anlässe gesucht werden, um diese Veränderung kreativ zu erhellen. Dazu einige Ideen:

- Ein Wettbewerb: Wer findet Fehler bei sich, die als Ermunterungen zu guten Veränderungen führen könnten?
- Denkbar wäre auch eine regelmäßige Fehler-Konferenz der Klasse. Wer will, nennt einen seiner Fehler, den er loswerden möchte. Die Klasse bespricht Lösungsvorschläge.
- Vielleicht hat eine Klasse auch Lust, einen Fehler-Fasching zu feiern. Die Idee der verkehrten Welt ist ja nichts anderes als die spielerische

Infragestellung des „Normalen". Der Narr feiert das Fest der Fehler, um sich vom Druck der Normen zu befreien und Kreativitätsschübe einzuleiten.

- Eine erlebnisbezogene Beschäftigung mit Leistung und Fehlern bieten Kinderbücher. (Z. B. Hofbauer/Weber, 1998; Wendt, 1982)

5.6 Resümee – Zum Subjekt des Lernens werden

Welcher Ertrag zeigt sich im Blick auf die Entwicklung der Person, die Basis-Leistung der Heranwachsenden?

Für den Lernenden ergeben sich mehr Anlässe für Erfolgserlebnisse, und zwar nicht als Bewertungen (und Benotungen) durch andere, sondern als eigenständige Entscheidung darüber, ob ein Lernprozess gelungen ist und ob sich eine Entwicklung im Blick auf die Fähigkeit zum selbständigen Lernen zeigt. Damit ergibt sich für ihn die Chance, mehr und mehr zum Subjekt des Lernens zu werden – eine sonst leicht eintretende „Abhakmentalität" im Blick auf das Ausfüllen von Arbeitsblättern, die Lösung von Aufgaben, die Erledigung von Aufträgen wird sich abschwächen.

Die Schüler können auch lernen, Arbeitsergebnisse zur Diskussion zu stellen, sich dem kritischen Gespräch selbstbewusst auszusetzen. Und schließlich kann sich auch die Beziehung zu Defiziten und Fehlern verändern. Wenn sie nicht als Dokumentation der eigenen Unzulänglichkeit wahrgenommen werden, sondern als Anreize zu Verbesserungen und Entwicklungen, kann Lernen bewusster als Wachstumsprozess erfahren werden.

Am Ende könnte sich vielleicht sogar jene „Brüderlichkeit" zwischen Lernenden und Lehrenden anbahnen, die Montessori als Folge einer veränderten Einstellung zum Fehler erwartet.

Um „humane Leistungskontrolle und Fehlerkultur" ging es in diesem Kapitel. Die vorgestellten Konzepte sind nicht „human", weil sie nachsichtig oder wohlwollend nachgiebig mit Fehlern oder Defiziten umgehen, sondern weil sie sich um eine Sichtweise bemühen, die den Fehler nicht länger als Makel oder als Feind wahrnimmt, sondern als

„Freund“ des Menschen, als Ideengeber, als Entwicklungshelfer, dessen produktive Energie für die Entfaltung der menschlichen Personalität es klug zu nutzen gilt.

Abschließen möchte ich dieses Kapitel mit den „Zehn Geboten“, die Wiener Montessori-Lehrer als Abschluss einer Tagung erarbeiteten, die ich im Frühjahr 2000 durchführte.

Zehn Gebote für den Umgang mit Leistung, Leistungskontrolle und Fehlern (in der Montessori-Pädagogik)

1. Versuche bei allem, was du tust, das Selbstgefühl der Lernenden zu stärken, indem du sie durch gute Erfahrungen ermutigst.
2. Hilf den Kindern und Jugendlichen, Verantwortung für sich selbst und ihre Arbeit zu übernehmen und zu üben.
3. Unterstütze die Lernenden dabei, ihre ganz eigenen Begabungen und Chancen (Potenzialitäten) zu erkennen und wahrzunehmen.
4. Hilf ihnen, den Wert ihrer Person nicht nur über äußere (messbare) Erfolge zu definieren.
5. Greife viele Anlässe auf, einem Kind bewusst zu machen, dass es Fortschritte gemacht hat.
6. Zeige den Lernenden, dass Fehler Anreize zum Wachstum sind; beziehe auch deine eigenen Fehler ein.
7. Versuche, dies auch den Eltern zu vermitteln.
8. Lege die Lernenden nicht durch Einordnung in ein starres Bewertungsschema („Katalogisierung") fest; schüchtere sie nicht durch ständige mit Sanktionen verbundene Beurteilungen ein.
9. Beobachte, bevor du urteilst – bleibe geduldig.
10. Mache aus Erwartungen keine Erwartungshaltung.

6 Freies Lernen – Freies Arbeiten

6.1 Zur Ausgangslage

6.1.1 „Freiarbeit" – ein Wundermittel?

„Freiarbeit“ ist seit einigen Jahren das didaktische Zauberwort. Es hat viele neue Sachen auf den Tisch gebracht: Spiele, Quizkästen und Puzzle, Legekärtchen und Würfelspiele, bunte Scheiben und Lernkärtchen. Drollige Figuren wie Gotifix oder Barockiknacks laden dazu ein, charakteristische architektonische Merkmale aufzuspüren. Wie kam es zu dieser Konjunktur?

Es ist wohl die Erfahrung, dass Unterricht und Erziehung, wenn sie der erlernten und gewohnten Spur folgen, ins Leere laufen. Die Signale dafür sind unübersehbar: „Null-Bock“, Langeweile, Disziplinlosigkeit bei vielen Schülern, Frust, Erschöpfung bis hin zum Burn-out-Syndrom auf Seiten vieler Kollegen. Freiarbeit versprach neue Chancen!

Augenscheinlich ist es nach einigen Jahren zu einer gewissen Ernüchterung gekommen: Der erhoffte Motivations-Ruck bei den Schülern blieb auf die Dauer aus, und von nicht wenigen Lehrern, aber auch Eltern ist immer häufiger zu hören: „In der Freiarbeit wird nichts gelernt!“ Es wundert nicht, dass Freiarbeit dort blüht, wo es vermeintlich „nicht so darauf ankommt“, also in der Grundschule oder Förderschule. In den weiterführenden Schulen gerät sie immer mehr zu einem „Randstunden-Event“, mit dem die Schüler belohnt werden, wenn die „richtige“ Arbeit getan ist.

Vermutlich hängt diese Ernüchterung, dieses Unbehagen nicht zuletzt damit zusammen, dass Kinder und Jugendliche kritisch fragen: Komme ich eigentlich als Person in diesem Prozess Schule vor – oder handelt es sich bei allen diesen neuen Methoden der „Freiarbeit“ vielleicht am Ende doch nur um ein Unterhaltungs- und Beschäftigungsprogramm, um mich bei Laune zu halten? Und weiter: Was lerne ich in diesem Unterricht eigentlich für mich? Bringe ich bei all diesen kreativen Methoden wirklich etwas eigenständig Schöpferisches hervor?

Ich bin fest davon überzeugt, dass Kinder und Jugendliche sich so ernsthaft und entschieden mit diesen Fragen beschäftigen – auch wenn sie sie nicht im Unterricht stellen oder sie vielleicht nicht einmal für sich so deutlich formulieren können.

Ich denke, wir stehen im Augenblick an einem Wegkreuz, ein guter Zeitpunkt, um noch deutlicher von Grund auf zu prüfen, wie wir mit Problemen des schulischen Lernens umgehen können – und welchen Beitrag Freiarbeit dazu leisten kann.

6.1.2 Ein Neuansatz: Freiarbeit ist Freies Lernen

Setzen wir also noch einmal ein und fragen: Was ist Freiarbeit? „Freiarbeit" ist – im anspruchsvollen Sinn – eine Form des Lernens, die sich an den individuellen Bedürfnissen des einzelnen Lernenden ausrichtet und einen Prozess selbständiger Arbeit ermöglicht. Diese Definition grenzt sich von dem heute populär gewordenen Sprachgebrauch ab, der Freiarbeit häufig als Sammelbegriff benutzt, um jede Art von nicht-konventionellen Lernmethoden zu kennzeichnen.

Gegenüber allem methodischen Eifer ist zunächst einmal eine besonnene didaktische Überlegung nötig. Es kommt vor allem darauf an zu klären, dass die Freiarbeit keine beliebig hantierbare Methode ist, sondern nur in einem klaren pädagogischen Begründungszusammenhang sinnvoll zur Geltung kommt. „Freiarbeit" meint letztlich ein Konzept von Entwicklung und Lernen und ist darum sorgfältig aus didaktischen Basis-Sätzen zu begründen.

Das lässt sich folgendermaßen auszudifferenzieren:

- In herkömmlicher Sicht zielt schulisches Lernen darauf ab, Schülern eine bestimmte Menge von Wissen beizubringen. Zwar werden auch andere Aufgaben genannt wie soziales Lernen und Persönlichkeitsbildung, aber faktisch konzentrieren sich die Lehrpläne auf die Übermittlung von Inhalten. Als didaktische Leitfrage könnte man formulieren: „Wie kann Lernenden das notwendige Wissen effektiv und dauerhaft vermittelt werden?“ Auch das Freiarbeits-Konzept legt großen Wert auf den Erwerb von Kenntnissen, aber der Blick richtet sich ebenso grundlegend auf die innere Entwicklung der Heranwachsenden.

- Das traditionelle schulische Lernkonzept geht davon aus, dass in einer Lerngruppe Schüler einer Jahrgangsstufe alle die gleichen Inhalte zur gleichen Zeit lernen. Das Freiarbeitskonzept fordert die Orientierung an den Lernbedürfnissen des einzelnen sowie eine sorgfältig darauf abgestimmte innere Differenzierung der Lernprozesse.
- Das traditionelle Lernkonzept geht davon aus, dass Heranwachsende nur auf Anweisung (Anordnung) und unter Anleitung Erwachsener lernen können. Das Konzept der Freiarbeit lässt sich von der Idee und der Erfahrung leiten, dass Kinder und Jugendliche selbständig lernen wollen und lernen können, wenn sie die Lerninhalte weitgehend frei wählen können.

Da der Begriff der „Freiarbeit“, wie erwähnt, ein wenig undeutlich geworden ist, schlage ich vor, den skizzierten Ansatz, der sich auf eine (reform-)pädagogische Begründung der Freiarbeit stützt, als „Freies Lernen“ zu bezeichnen.

6.2 Montessori-Pädagogik als Basis

In der Montessori-Pädagogik liegt wohl die schlüssigste Begründung des Freien Lernens, der Freiarbeit vor. Zwar verwendet Montessori nicht explizit den Begriff der Freiarbeit. Sie spricht eher von „Freier Wahl der Arbeit bzw. des Gegenstands“, von „indirekter Methode“ usw. Aber der Sache nach ist die Freie Arbeit bei ihr grundgelegt.[1] Fundamental sind wiederum ihre Erkenntnisse zur Anthropologie: das Kind als Schöpfer seiner selbst, Wachsen in Freiheit gemäß dem inneren Bauplan, Entwicklung durch freies, ganzheitliches Lernen. Was bedeutet das für die Frei-

---

[1] Vgl. dazu die sorgfältige Untersuchung von Klein-Landeck, 1998.

arbeit? Montessori erklärt: „Die menschliche Personalität muss in den Blick genommen werden und nicht eine Erziehungsmethode.“ (10, 16)

Vor allen Vermittlungsfragen steht also die Überlegung: Welche Chancen zur Selbstfindung und -annahme zeigen sich? Wie kann die Freiarbeit die Kinder zu selbstbestimmter und selbstorganisierter Arbeit führen? Was kann Freiarbeit in diesem Prozess bedeuten?

Montessori ist so stark von der Kraft freien Lernens bei Kindern beeindruckt, dass ihr alles daran liegt, dieser Kraft freien Lauf zu lassen. Darauf fußt ihr erster Grundsatz zur Freien Arbeit:

6.2.1 Freie Arbeit als selbstbestimmtes Lernen in freier Wahl

a. Der pädagogische Ansatz

Die Freiheit des Kindes realisiert sich in der Freiheit der Wahl. Erinnern wir uns noch einmal an die grundlegende Erklärung der freien Wahl unter anthropologischem Aspekt: Die selbständige Wahl der Arbeit befreit das Kind Schritt für Schritt von Außensteuerungen, seien es die Anweisungen der Erwachsenen oder auch die zerstreuenden Einflüsse von Unterhaltungsangeboten. Diese Auffassung hat immer wieder das Missverständnis provoziert, in der Montessori-Pädagogik gehe es um eine völlig beliebige Beschäftigung der Lernenden mit willkürlich herausgesuchten Inhalten. Das ist aber keineswegs der Fall. Vielmehr reflektiert sie die freie Wahl in der Spannung von Freiheit und Bindung. Dies ist näher zu untersuchen.

b. Freiheit und Bindung

„Was ist Freiheit des Kindes? Die Freiheit ist dann erlangt, wenn das Kind sich seinen inneren Gesetzen nach, den Bedürfnissen seiner Entwicklung entsprechend, entfalten kann. Das Kind ist frei, wenn es von der erdrückenden Energie des Erwachsenen unabhängig geworden ist. Dieses Freiwerden ist weder ein Idee, noch eine Utopie, sondern eine oft erfahrene Tatsache. Es ist eine Wirklichkeit, die wir dauernd erleben. Wir schließen damit nicht die Notwendigkeit der Kulturübermittlung, noch die notwendige Disziplin und auch nicht die Notwendigkeit des

> *Erziehers aus. Der Unterschied ist allein der, dass in dieser Freiheit die Kinder voller Freude arbeiten und sich die Kultur durch eigene Aktivität erwerben, dass die Disziplin aus dem Kind selbst entsteht.*" (14, 23f)

Wenn diese innere Disziplin noch nicht gewachsen ist, braucht das Kind Leitung und Anleitung, denn „dem Kind seinen Willen lassen, das seinen Willen nicht entwickelt hat, heißt den Sinn der Freiheit verraten." (3,184)

Freiheit und Bindung sind also aufs engste aufeinander bezogen. Wie konkretisiert sich diese Spannung? Montessori erklärt: Das Kind handelt frei „in der vorbereiteten Umgebung, in der das Kind auf intelligente Weise aktiv sein kann." (4, 54)

Im Rahmen der *indirekten* Erziehung ist die Lernsituation so angelegt, dass das Kind an Grenzen kommt.

- Es bemerkt, dass nicht alle Materialien ihm schon angemessen sind.
- Es hat gelernt, dass die Materialien immanente Zugangs- und Arbeitswege einschließen, an die man sich halten muss, wenn der Lernerfolg sich einstellen soll.
- Außerdem spielt die mengenmäßige Begrenzung eine Rolle: Das Kind muss sich darauf einstellen, dass das gewünschte Material gerade jetzt von einem anderen Kind bearbeitet wird. Das Kind ist an die Kooperation gebunden, da es von der Wahlfreiheit des gewünschten Partners abhängig ist. Doch gerade in diesen Bindungen kann das Kind seine Freiheit erfahren und üben, weil sie eben nicht vom Erzieher/Lehrer aufgezwungen sind, sondern sich aus der „Situation verpflichtender Art" ergeben. (vgl. Holtstiege, 1987, 31ff)

Auch in der *direkten* Erziehung kommt die Spannung von Freiheit und Bindung zum Zug. Einmal ist zu bedenken, dass die Lernenden einen Rahmen für die freie Tätigkeit brauchen. Dazu gehören Regeln für die Durchführung der Freiarbeit – es versteht sich von selbst, dass sie mit den Schülern abgesprochen und nach Bedarf auch verändert werden. Sie können zum Beispiel folgendermaßen aussehen:

Verabredungen für die Freiarbeit

1. Ich denke darüber nach, was ich arbeiten will, und mache mir einen Plan. Ich überlege, ob ich allein oder mit gemeinsam mit anderen arbeiten will.
2. Ich halte mich daran, dass ich bei einer Arbeit, die ich angefangen habe, bleiben muss und sie zuendeführen soll.
3. Ich halte meine Arbeitsergebnisse so fest, wie es verabredet ist (z. B. in einem Projektheft).
4. Ich gehe sorgfältig mit den Materialien um. Wenn meine Arbeit fertig ist, kontrolliere ich, ob das Material in Ordnung ist und stelle es an seinen Platz zurück.
5. Ich nehme auf meine Mitschüler Rücksicht und bemühe mich, sie nicht zu stören. Ich bewege mich leise in der Klasse, wenn ich etwas brauche; ich bespreche etwas im Flüsterton. Ich sage meinen Mitschülern, wenn ich mich gestört fühle.
6. Ich bin bereit, meinen Mitschülern zu helfen, wenn sie mich darum bitten.

c. Die vorbereitete Umgebung

Allgemeine Grundzüge

Die vorbereitete Umgebung soll das Kind anregen und in den Stand versetzen, seinen Lerninteressen nachzugehen. Dazu bedarf es zunächst einer Ausgestaltung, die den Lebensverhältnissen der Benutzer angemessen ist: leichte, bewegliche Möbel, die den Bewegungsdrang der Kinder nicht einengen und deren Anordnung je nach den Bedürfnissen verändert werden kann. Alle Gegenstände müssen so beschaffen und angeordnet sein, dass sie die Selbständigkeit des Kindes fördern. Dazu gehört vor allem auch die Übersichtlichkeit und Ordnung. Holtstiege spricht in diesem Zusammenhang von „einfacher Struktur". (Holtstiege, 1989, 130) Die vorbereitete Umgebung muss so gestaltet sein, dass sie zu den unterschiedlichsten Aktivitäten anregt. Bei der Auswahl der Materialien sollte beachtet werden, dass sie die verschiedenen Lerndimensionen (kognitiv, affektiv, psychomotorisch) ansprechen. Besonders wichtig ist, dass die Materialien nicht nur auf die wechselnden und aufeinander aufbauenden Sensibilitäten der Lernenden bezogen sind, sondern auch einen stimulierenden Charakter haben. Dies geschieht dadurch, dass die vorbereitete Umgebung deutlich erkennbare „Progressionen" in der Art der Themen und im Anspruchsniveau ausweist.

Materialeigenschaften
Ein erstes Charakteristikum hat mit dem *Umfang* der Materialien zu tun. In vielen Fächern beziehen sich Freiarbeitsmaterialien meist auf ein relativ begrenztes, überschaubares Thema. Das hängt damit zusammen, dass sich dort der umfangreiche Stoff gut in viele kleine Arbeitseinheiten aufschlüsseln lässt. Ich nenne solche Freiarbeitsmaterialien „Kurz-Materialien" – was selbstverständlich nichts über ihren didaktischen Wert aussagt! In anderen Fächern, z. B. Geschichte, Kunst, Geographie, Politik, Religion, trifft man eher auf umfangreichere Materialien, die einen größeren Themenkreis ansprechen – ich nenne sie „Lang-Materialien". Das hat mit der Art der Themen zu tun, die in diesen Fächern zur Auseinandersetzung anstehen. Sie brauchen Zeit und Raum, damit die Schüler sich in ein Thema eindenken, sich mit einer Situation vertraut machen und Zusammenhänge erarbeiten können. Solche Materialien lassen sich daher nicht in einer oder wenigen Stunden bearbeiten, sondern erfordern einen größeren Zeitblock.

Im Hinblick auf die *Auswahl* der Materialien hat Maria Montessori vier Grundkriterien festgelegt[2]:

- Mengenmäßige Begrenzung: Jedes Material sollte in der vorbereiteten Umgebung nur einmal vorhanden sein, um die dringend notwendige Orientierung zu ermöglichen. Außerdem erzieht diese Beschränkung dazu, eigene Bedürfnisse auch einmal zurückzustellen oder sich mit anderen Interessenten zu arrangieren.
- Ästhetik: Jedes Material sollte höchsten Ansprüchen im Blick auf Schönheit, Funktionalität und Haltbarkeit entsprechen. Das regt zu-

[2] Vgl. die Zusammenstellung bei Holtstiege, 1989, 110 f; für heutige Freiarbeit benennen Kriterienlisten u. a.: Klein-Landeck, 2001; fachbezogen: Berg, 1998, 98 f.

nächst einmal das Kind an, sich mit diesem Gegenstand zu beschäftigen. Darüber hinaus stimuliert es ein wachsendes Verantwortungsgefühl gegenüber den Dingen, ja schließlich – davon ist Maria Montessori überzeugt – die Sensibilität für die Stimme des Gewissens.

- Anregungscharakter: Dieses Merkmal bezieht sich nicht nur auf die Weckung eines einmaligen Interesses, sondern betrifft auch die Eigenschaft eines Materials, das Kind zu ausdauernder und wiederholter Tätigkeit anzuregen.
- Immanente Fehlerkontrolle: Sie ermöglicht dem Kind, anhand des Materials eigenständig festzustellen, ob eine Arbeit richtig ausgeführt wurde oder nicht. Dieses Kriterium bewährt sich zunächst im Vorschulbereich. Beispielsweise verrät bei der einfachen Übung des Gießens der Wasserfleck auf dem Tisch dem Kind, dass die Übung noch nicht ganz gelungen ist. Oder bei der Anordnung der „roten Stangen" erkennt das Kind durch Abtasten, durch Augenschein oder Abmessen, ob sein Versuch erfolgreich war. Bei wachsender Komplexität und der Differenzierung von Materialien ist die „immanente Fehlerkontrolle" auszubauen und weiter zu führen. (Vgl. Kapitel 5)
- Ich nenne ausdrücklich noch einmal: das Kriterium der Progression. Es ist unbedingt erforderlich, dass die Materialien eine Steigerung im Hinblick auf das Anspruchsniveau anbieten. Dies bezieht sich auf die Gestaltung der vorbereiteten Umgebung im Ganzen, aber auch auf die immanente Wahl innerhalb komplexerer Materialien.

Gelegentlich wird der Montessori-Pädagogik „Materialfetischismus" unterstellt, der die Kinder auf eine starr festgelegte Beschäftigung mit vorgegebenen Lernmaterialien fixiere. Hierzu einige Hinweise: (Vgl. Klein-Landeck 1998, 87ff)

- Montessori versteht die von ihr entwickelten Materialien als freies Angebot zum freien Lernen. Kein Kind wird gezwungen, damit zu arbeiten.
- Sie ist allerdings überzeugt, dass damit den Kindern ein optimales Angebot zur Selbstentwicklung angeboten wird. Sie weiß aus anhaltender Beobachtung, dass diese Entwicklungschancen eingelöst werden, wenn die materialimmanenten Zugangs- und Arbeitswege beachtet werden.

- Keineswegs ist die Montessori-Pädagogik auf die Materialarbeit begrenzt, sondern als ein Konzept zu begreifen, welches „Erziehung“ als Begleitung des Kindes auf seinem Weg des Selbstaufbaus der Person helfend begleitet.
- Montessori selbst weist deutlich darauf hin, dass im Entwicklungsprozess das Abstraktionsvermögen der Lernenden kontinuierlich zunimmt. Dem entsprechend rückt die unmittelbare Arbeit mit vorgegebenen Materialien in den Hintergrund. An ihre Stelle treten andere Formen selbst bestimmten Arbeitens wie Projektarbeit, selbständige Beschaffung und Auswertung von Informationen, aber auch kommunikative und kreative Tätigkeiten.

d. Freie Wahl in der vorbereiteten Umgebung

Wie kann sich nun die freie Wahl der Arbeit in der vorbereiteten Umgebung konkretisieren? Wichtig ist es,

- dass die Lernenden die Möglichkeit haben, unter verschiedenen inhaltlichen Angeboten zu wählen;
- dass sie innerhalb der Themen unterschiedliche Aspekte, Schwierigkeitsstufen, Zugangswege und Arbeitsweisen wählen können;
- dass sie entscheiden können, wie ausführlich sie sich mit dem Thema auseinandersetzen wollen;
- dass sie wählen können, ob sie allein oder mit anderen gemeinsam arbeiten wollen;
- dass sie selbst bestimmen können, in welcher Weise sie die Ergebnisse ihrer Arbeit zusammenfassen bzw. darstellen.

Allerdings stößt die Realisierung dieser Grundsätze in der Regelschule bald an enge Grenzen. Überall da, wo der Lehrplan bestimmte Themen zur Bearbeitung vorgibt, ist die völlige Wahlfreiheit eingeschränkt. Aber von den fünf Aspekten der Wahlfreiheit bleibt auch im strengen Rahmen schulischen Unterrichts noch viel:

Wird die Freiarbeit in einer Freiarbeitsepoche ausgeführt, können die Schüler durchaus unter verschiedenen Themen wählen. Aber auch wenn nur *ein* Thema von allen Schülern bearbeitet wird, müssen Wahlmöglichkeiten gegeben sein, d. h. das Freiarbeitsmaterial muss so angelegt sein, dass es den Schülern möglichst viele Anlässe für eigene Entscheidungen bietet. Mit anderen Worten: Die freie Wahl der Arbeit muss in das Einzelmaterial selbst integriert sein. Es versteht sich beinahe von selbst, dass vor allem die so genannten *Lang-Materialien* Chancen zur Einlösung dieses Anspruchs bieten.

Welche Eigenschaften sollte ein Freiarbeitsmaterial aufweisen, damit es (innere) Wahlfreiheit ermöglicht? Sechs Merkmale scheinen mir besonders beachtenswert:

- Das Material soll eine gründliche *Einführung und Arbeitsanleitung für die Schüler* enthalten, damit sie die Arbeit einschätzen können.
- Es soll möglichst *anregend* gestaltet und *sorgfältig* hergestellt sein, um den Benutzern zu signalisieren, dass sie und ihre Leistung wert geschätzt werden.
- Es soll eine *klare Struktur* aufweisen, damit die Schüler sich selbständig orientieren und entscheiden können.
- Besonders wichtig ist die *immanente Wahl.* Sie soll auch im Rahmen des vorgegebenen Themas möglichst differenzierte Alternativen anbieten. Bei einem guten Material sollen die Lernenden z. B. unter verschiedenen Inhaltsaspekten wählen können (durch Auswahl von Teilthemen). Sie können festlegen, wie gründlich sie am Thema arbeiten wollen (durch Beschäftigung mit einem oder mehreren Teilthemen), sie haben die Freiheit, allein oder mit anderen zu arbeiten. Auch die *Auswertung der Arbeit* ist nicht festgelegt. Bei angebotenen unterschiedlichen Gestaltungsvorschlägen werden sie solche Möglichkeiten wählen, die ausdrücken, was ihnen eingeleuchtet hat oder wichtig geworden ist. Das gilt nicht zuletzt für Angebote der nichtkognitiven, kreativen Auseinandersetzung.
- Eine besonders gute Chance bietet die Freiarbeit für die *individuelle Vertiefung* der Schüler in einen Gedanken, eine Arbeit, eine kreative Gestaltung. Darum sollte möglichst darauf verzichtet werden, viele Teile eines Freiarbeitsmaterials als „Pflichtmaterialien" auszuweisen.
- Schließlich sollte das Material den Benutzern Gelegenheit zur *selbständigen Feststellung des Erfolgs* bieten. Dieses – bei Maria Montessori „immamente Fehlerkontrolle" genannte – Merkmal ist ein wichtiger Beitrag zum selbständigen, vom Urteil des Lehrers unabhängigen Lernen.

Freiheit der Wahl – das ist die *eine* Seite des Freiarbeits-Konzepts. Es kommt eine *zweite* Seite hinzu, die gerade von der Montessori-Pädagogik stark inspiriert ist:

6.2.2 Freie Arbeit ist Erlernen von Erkenntniswegen und Strukturen

Die in der Freiarbeit erfahrbare und zu übende Freiheit realisiert sich nicht nur in Gestaltung der *Lernprozesse*, sondern auch in der Auswahl, Präsentation und Erschließung der *Lerninhalte.* Dieser Grundsatz greift ein wichtiges Prinzip der Montessori-Pädagogik auf: Lernen durch Ordnung von Wahrnehmungen, Erfahrungen und Gedanken. Bei Montessori erfährt das Kind einen Zugewinn an Selbstbestimmung dadurch, dass es nicht vorrangig Inhalte, sondern auch Erkenntniswege und Ordnungs-Strukturen erlernt.

Das zeigt sich bereits im elementaren Bereich der Sinneserziehung: Das Kind wird darin geschult, seine Eindrücke sprachlich zu fassen. Wer anhand von Holzstangen, die in der Länge sorgfältig aufeinander abgestimmt sind, die Begriffe „lang“ und „kurz“ gelernt hat, ist nicht mehr darauf angewiesen, sich mit Hilfe der Erwachsenen zu orientieren. Die erlernten Begriffe ermöglichen ihm die selbständige Erkenntnis und Bearbeitung von Gegenständen, die die gleichen Strukturmerkmale aufweisen. Mit diesem „Schlüssel“ kann das Kind eine Vielzahl von Wahrnehmungen aus seiner Umwelt einordnen.

Es geht nicht darum, führt Montessori aus, den Heranwachsenden eine Vielzahl von Gegenständen und Inhalten zu vermitteln, sondern „wir müssen dem Kind die Philosophie der Dinge geben“, d. h. ihre strukturellen Merkmale und ihr Beziehungsgeflecht aufdecken. (1, 197) Hat ein Kind die Chance, so „aufschluss-reich“ zu lernen, dann kann sein Geist „viel mehr enthalten als der, in den die Kenntnisse wie in einen Sack gestopft werden. In ihm sind die Gegenstände wie in einem Haus gut voneinander getrennt, harmonisch aufgestellt und nach ihrem Gebrauch unterschieden“. (2, 203) Solche Schlüssel kommen unter zwei Bedingungen gut zur Geltung:

- Sie müssen *bewusst* als Schlüssel zum Verstehen und Lernen wahrgenommen werden – Aspekt des reflektierten Lernens auf der Metaebene. Es genügt nicht, den Lernenden Methoden zu vermitteln, sie sollen diese auch als ihre eigenen erkennen.
- Sie müssen *ausgiebig benutzt* werden – Aspekt des Anwendens, des Übens und des Transfers. Dies wird anfangs im Sinne der Anwendung des gelernten Erkenntniswegs auf ähnliche Gegenstände geschehen. Dann erfolgt der angeleitete Transfer auf andere, aber strukturell analoge Inhalte. Schließlich werden die Lernenden im Stande sein, sich unbekannte Sachverhalte selbständig mit ihren Schlüsseln zugänglich zu machen.

Ein Beispiel dafür:

In einer Materialzusammenstellung zu Textsorten (fünfte Klasse) wurde zunächst anhand der Fabel, einer gut zugänglichen Form, erarbeitet, wie Literatur erschlossen werden kann – z. B. durch die gezielte Beobachtung der Form, den genauen Blick auf charakteristische Gattungsmerkmale, die rückschließende Bestimmung der Absicht etc. Die Lernenden bearbeiteten mit diesem Schlüssel zunächst weitere Fabeln und lernten dann, ihn modifiziert auf andere Textsorten anzuwenden.

Solche „Schlüssel" fördern die selbständige Arbeit der Lernenden, aber auch die Entwicklung ihres Selbstbewusstseins, weil sie Schritt für Schritt unabhängiger von der Anleitung und dem Urteil der Erziehenden werden.

Exkurs: „Aufschlussreiches Lernen" – Verstehen und Ordnen als Lernwege

Das „Schlüssel-Lernen" nimmt eine zentrale Bedeutung in Montessoris Denken ein. In ihren Erklärungen zu den „sensiblen Phasen" im Entwicklungsprozess des Kindes stellt sie als eine wichtige Sensibilität der ersten Entwicklungsphase das Streben nach *Ordnung* heraus.

> „*Es mag verwunderlich und verstiegen klingen, wenn wir behaupten, dass das Kind eine Empfänglichkeitsperiode für äußere Ordnung durchlebe; herrscht doch allgemein die Überzeugung, das Kind sei seiner Natur nach unordentlich.*" (15, 59)

Montessori kann aber nachweisen, dass bereits kleine Kinder im Alter von anderthalb bis zwei Jahren ein deutliches Ordnungsbedürfnis zeigen. Dies speist sich offenbar aus dem Verlangen des Kindes nach Orientierungssicherheit in seinem Lebensraum:

> „*Für das Kind ist die Ordnung das, was für uns der Boden ist, auf dem wir stehen, was für den Fisch das Wasser ist, in dem er schwimmt. Im frühen Kindesalter entnimmt der Menschengeist seiner Umwelt die Orientierungselemente, deren er für seine späteren Eroberungen bedürfen wird.*" (15,64)

Es zeigt sich,

> „*dass die Natur dem Kind die Sensibilität für Ordnung einpflanzt, um einen inneren Sinn aufzubauen, der nicht so sehr Unterscheidung zwischen den Dingen ist, als vielmehr das Erkennen der* Beziehungen zwischen den Dingen *(Hervorhebung von mir). Dieser Sinn macht die ganze Umwelt des Kindes zu einem Ganzen, dessen Teile in einem Abhängigkeitsverhältnis zueinander stehen.*" (15, 65)

Diese Sensibilität und der darauf bezogene Aufbau von Fähigkeiten weisen weit über die frühkindliche Phase hinaus. Denn das Ziel ist ja die Entwicklung von Fähigkeiten, die der Heranwachsende für seine späteren geistigen „Eroberungen" benötigen wird. Es geht darum, die einzelnen Teile der Umgebung in ihrem strukturellen Zusammenhang und ihren Beziehungen bewusst zu machen.

Der Gedanke des Erlernens von Strukturen nimmt eine zentrale Stellung in der Montessori-Pädagogik ein, weil er mit dem Zugewinn an Freiheit durch Wachsen von Ordnungsstrukturen zusammenhängt. Montessori schreibt: „Von einem Lebewesen zu sagen, dass es wächst, ist sehr oberflächlich; es wächst, in der Tat, aber aufgrund der Tatsache, dass es innerlich eine Ordnung bildet." (2, 117) Das innere Sich-Ordnen des Kindes ist eine wesentliche Voraussetzung für eine Entwicklung in Freiheit – und zugleich deren Folge, was Montessori anthropologisch und pädagogisch begründet und interpretiert:

> *„Da der menschliche Geist ein mathematischer und philosophischer ist, trachten wir danach, im angemessenen Verhältnis den Geist des Kindes zur Mathematik und Philosophie zu führen. Dies ist ein wesentlicher Erziehungsgrundsatz: Einzelheiten lehren, bedeutet Verwirrung stiften. Die Beziehung unter den Dingen herstellen, bedeutet Erkenntnisse vermitteln.*" (13, 89)

Es versteht sich von selbst, dass Montessori den „mathematischen Geist" nicht auf die Mathematik begrenzt, sondern die Tendenz des menschlichen Geistes zur Ordnung, „zur Genauigkeit, zum Maß und zum Vergleich" anspricht. (13, 114) Letztlich geht es darum, durch das Erlernen von Strukturen und Zusammenhängen dem Verstand „Wege" zum eigenständigen Wahrnehmen, Verarbeiten und Lernen zu erschließen. (1, 198) Zusammenfassend formuliert Holtstiege: „Erkenntnisse vermitteln, dies bedeutet nach Montessori nicht die Vermittlung von Erkenntnisergebnissen, sondern Hilfengebung zum Mit- oder Nachvollzug des Erkenntnisprozesses selbst." (Holtstiege, 1987, 73)

Die Bedeutung dieses Ansatzes für die weitere Entwicklung des Kindes entwickelt Montessori in folgendem Gedankengang: (2, 194f)

> *„Die äußeren Dinge auf der Grundlage einer im Verstand bereits bestehenden sicheren Ordnung zu unterscheiden, zu klassifizieren und zu katalogisieren, das bedeutet Intelligenz und gleichzeitig Bildung (...) Nicht die Anhäufung direkter Kenntnisse der Dinge bildet den Gelehrten, den Wissenschaftler, den Sachverständigen, sondern die Ordnung, die in seinem aufnehmenden Verstand vorbereitet ist. Für den ungebildeten Menschen besteht nur die direkte Kenntnis der Dinge (...) Unsere Kinder erkennen ähnlich wie die künstlerisch ‚Gebildeten' und die Wissenschaftler die Gegenstände der Außenwelt an ihren Eigenschaften und*

klassifizieren sie; sie sind daher für alle Gegenstände empfänglich; alles ist für sie von Wert. Die ungebildeten Kinder hingegen gehen wie Blinde und Taube an den Dingen vorüber.“

Ein Kind, das die Schulung des Geistes durch Erlernen von Ordnungen, Strukturen und Denkwegen erfahren hat, ist wohlgebildet für einen lebenslangen Lern- und Arbeitsprozess. Dieses Lernkonzept Montessoris ist von erstaunlicher Aktualität, wie an zwei Beispielen gezeigt werden soll.

Eine interessante Studie des Erziehungswissenschaftlers Ludwig Duncker (Duncker 1996c) zum „Erkenntniswert des Ordnens“ zeigt, dass es ein anthropologisches Grundbedürfnis ist, die Wirklichkeit durch Denken, Handeln und Wissen zu ordnen und damit „lesbar“ zu machen. Er macht deutlich, dass Enkulturation zum größten Teil nichts anderes ist als „Hineinfinden in die Ordnungen der Erwachsenenwelt“. (Ebd., 80) Er weist aber auch auf die Ambivalenz des Ordnens hin: Es ist unabdingbare Voraussetzung für die Verarbeitung von Erfahrungen und den Aufbau von strukturiertem Wissen; es kann jedoch als vorgegebene Denk- und Handlungsmuster auch den Spielraum für eigene Erfahrungen und selbständiges Denken einengen. Er plädiert dafür, den Prozess des Ordnens als einen dynamischen Prozess aufzufassen, dessen Ergebnisse aber revidierbar und offen für neue Entwürfe bleiben sollten. Welche Bedeutung diese Ambivalenz für das Lernen in der Montessori-Pädagogik haben könnte, bedarf noch näherer Untersuchungen.

Aufschlussreich ist auch ein Blick auf die aktuelle öffentliche Debatte über Bildungsinhalte und -ziele. (*http://www.forum-bildung.de*) Einige Indikatoren scheinen auf einen neuen „Bildungsnotstand“ hinzudeuten: Im internationalen Vergleich von Leistungen in Mathematik und Naturwissenschaften schnitten die deutschen Schüler allenfalls durchschnittlich ab (Timss-Studie). Wirtschaftsvertreter bemängeln das schwache ökonomische Verständnis der Jugendlichen. Der Bundeskanzler gar stellte einen Katalog von Kerninhalten für ein künftiges Curriculum vor: Recht, Medizin, Gesundheit, Technologie, Medien, Ökologie seien die Lernfelder der Zukunft, dazu natürlich Englisch und Geschichte. Allen ist klar, dass die bloße Vermehrung der Stoffe die Probleme nicht löst, sondern verschärft. Ein viel beachteter Vorschlag ist, das „Wissen" zugunsten des „Könnens" entschieden zu reduzieren. „Wissen" steht hier für die traditionelle stofforientierte Bildung, deren rasches Verfallsdatum schon heute fest steht. „Können" (scientific literacy) markiert dem gegenüber die Fähigkeit, Probleme zu identifizieren, Methoden zu ihrer Lösung zu kennen und anzuwenden. Interessanter Weise können sich die Befürworter dieses Konzepts auf den preußischen Humanisten und Bildungsreformer Wilhelm von Humboldt berufen, der vor 200 Jahren für den Primat der „Fähigkeiten" plädierte. „Alle Fähigkeiten seien an einer möglichst geringen Zahl von Gegenständen zu bilden." Die Nähe der literacy-Konzepte zu Montessoris Gedanken über aufschluss-reiches Lernen liegt auf der Hand; sie könnten die gegenwärtige Diskussion vertiefen.

6.2.3 Geht es nicht auch ohne Freiarbeit?

Natürlich könnten solche „Schlüssel" im Prinzip auch im gebundenen Unterricht ohne Freiarbeit vermittelt werden! Aber damit würden die hier gegebenen Chancen bei weitem nicht ausgeschöpft! Denn Freiarbeit hat immer zwei Seiten – das wollten die bisherigen Ausführungen zeigen:

- Freie Arbeit ist selbstbestimmtes Lernen. Es kommt zustande, wenn die Lernenden ihre Arbeitsprozesse so weit wie irgend möglich in eigener Wahl und Verantwortung organisieren. Diese Form des freien Lernens könnte man als *prozessbezogene Freiarbeit* bezeichnen.
- Freie Arbeit ist aber auch das Erlernen von Methoden, Erkenntniswegen und Strukturen, das den Lernenden die selbständige Erschließung von Inhalten ermöglicht. Es kommt zustande, wenn die Lerninhalte so ausgewählt und aufbereitet werden, dass die Lernenden sich „Schlüssel zur Welt" aneignen können. Da diese Form des freien Lernens sich immer auf die Erschließung von Inhalten bezieht, könnte man sie als *gegenstandsbezogene Freiarbeit* bezeichnen.

Freies Lernen kann optimal gelingen, wenn prozessbezogene und gegenstandsbezogene Freiarbeit eng miteinander verzahnt sind. Würden also „Schlüssel zum Verstehen" nur im gebundenen Unterricht vermittelt – das war die Ausgangsfrage – dann würde die prozessbezogene Seite des freien Lernens ausfallen!

6.3 Hinweise zur Praxis der Freiarbeit

Die Probleme der Umsetzung der Freien Arbeit in die Schulpraxis sind sehr komplex; einige Untersuchungen und Berichte liegen vor. (Z. B. Hammerer, 1994; Traub, 1997; Noll-Schieder, 2000; fachbezogen: Berg, 1998)

6.3.1 Der Stellenwert der Freiarbeit

Fragen wir zunächst nach dem Stellenwert der Freiarbeit im Unterrichtsgeschehen. Freiarbeit wurde in dieser Skizze als grundlegendes Lernkonzept vorgestellt. Das bedeutet aber keineswegs, dass sie nun den Rang der einzig möglichen Lernform beansprucht, die alle anderen Arbeitsweisen verdrängt.

Unterricht lebt von vielen Lern- und Arbeitsweisen, die nicht ohne Schaden aufgegeben werden dürfen: Das Erzählen im Kreis, die Gesprächsrunde, das Spielen in der Gruppe etc. Es wird darauf ankommen, die verschiedenen Lernformen auszubalancieren. Dabei wird die Freiarbeit, wenn sie nicht bloß als beliebige Unterrichtsmethode, sondern als Konzept Freien Lernens aufgefasst wird, alle Lernaktivitäten in der Gruppe positiv beeinflussen.

Freiarbeit ist nicht das neue Gesamtkonzept, aber auch keine „Randstundendidaktik", die als angenehme Abwechslung neben dem „eigentlichen" Lerngeschehen geduldet wird. Freiarbeit kann ihre Möglichkeiten nicht ausspielen, wenn sie in einigen Nischen des vorherrschenden gebundenen Unterrichts angesiedelt wird.

Dies bezieht sich zunächst einmal auf den *Zeitaspekt.* Nur wenn Freiarbeit genügend Raum auf der Stundentafel findet, wird sie als wichtige

Lernform ernstgenommen und können Schüler und Lehrer sich in diese anspruchsvolle Arbeits- und Kommunikationsweise in Ruhe einüben. Auf jeden Fall sollte man versuchen, die Freiarbeit nicht dem hektischen 45-Minuten-Takt der Schule zu unterwerfen, sondern mindestens Doppelstunden einzuplanen.

Ebenso wichtig ist der *Inhaltsaspekt*: Oft bleiben der Freiarbeit nur die Themen, die nicht im Zentrum des jeweiligen Fachs stehen oder sie wird dafür eingesetzt, Gegenstände, die im gebundenen Unterricht erarbeitet wurden, in spielerischer Form zu üben. Bei solchen Inhalten werden die Lernenden kaum die Bedeutung des freien Lernens in Erfahrung bringen. Freiarbeit sollte sich daher zentrale Themen wählen.

6.3.2 Tipps für Einsteiger

Wer mit Freiarbeit beginnen möchte, sollte sich Zeit für eine gründliche Prüfung der Arbeitsbedingungen nehmen. Man könnte dies als „Vorlauf-Phase“ betrachten. Vier Fragen sollten geprüft werden:

Das Selbstbild als Lehrer reflektieren

Mit Blick auf die Ausführungen zum Verständnis des Lehrers im Konzept des Freien Lernens könnte man für sich einige entsprechende Fragen durchdenken – das faktische Verhalten bedenkend, weniger das Wunschbild: Sehe ich mich eher als Be-Lehrer oder eher als Berater? Ist es mir wichtig, „die Fäden in der Hand zu behalten“? Sehe ich mich als allein Verantwortlichen für den Unterricht? Vertraue ich den Kindern? Traue ich ihnen etwas zu? Traue ich mir selbst zu, einen neuen Weg zurückzulegen? Bin ich wirklich daran interessiert, dass die Schüler selbständiger werden? Kann ich entsprechende Verhaltensänderungen aufnehmen? Welches ist das häufigste Kriterium für unterrichtliche Entscheidungen: der Lehrplan, die Disziplin, die persönliche Entwicklung der Kinder oder meine eigenen Interessen?

Die Voraussetzungen der Schüler bedenken

Auch die Fähigkeiten und Einstellungen der Schüler sind von entscheidender Bedeutung dafür, ob Freies Lernen gelingt oder nicht. Dazu können folgende Überlegungen angestellt werden: Sind die Schüler schon mit Freiarbeit vertraut oder wird es sich um einen Erst-Kontakt handeln? Falls sie Freiarbeit kennen, welche Formen haben sie bisher praktiziert? Wie ist ihre Einstellung dazu? Sind sie grundsätzlich daran interessiert, etwas zu lernen oder sind sie eher uninteressiert? Gibt es Vorlieben/Aversionen im Blick auf bestimmte Themen oder Arbeitsweisen? Sind sie bereit und fähig, sich gegenseitig zu respektieren und miteinander zu arbeiten? Sind sie bereit und fähig, sich auf Regeln einzulassen? Sind sie stark auf die Person des Lehrers fixiert?

Die Schulsituation einschätzen

Natürlich ist auch die Situation an der jeweiligen Schule ein wesentlicher Faktor für die Freiarbeit. Gibt es ein Klima, das Innovationen begünstigt oder beschränkt? Ist das Kollegium experimentierfreudig oder eher auf traditionelle Abläufe festgelegt? Wichtig ist auch, ob es gelingen kann, an der Schule Kollegen zur Zusammenarbeit im Blick auf Freies Lernen zu gewinnen. Vielleicht kann sich ein loser Arbeitskreis Interessierter bilden? Interessant ist auch, über die eigene Schule hinaus mit Fachkollegen zu kooperieren.

Die Materialsituation prüfen

Schließlich ist zu bedenken, welche Materialien zur Verfügung stehen. Als Grundregel sollte gelten, erst dann mit der Freiarbeit zu beginnen, wenn so viel Material vorhanden ist, dass alle Schüler gleichzeitig arbeiten können. Zunächst wird man sich einen Überblick über bereits vorhandene Materialien verschaffen. Im Handel angebotene didaktisch stimmige Freiarbeitsmaterialien sind bisher oft noch verhältnismäßig rar und meist auch nicht billig. Deshalb ist zu überlegen, ob von Kollegen oder Schulen Materialien ausgeliehen werden können oder ob man wertvolle Materialien „nachbauen“ kann. Manche Kollegen, Schulen oder z. B. Fortbildungseinrichtungen stellen Kopiervorlagen zur Verfügung.

Die ersten Schritte in die Freiarbeit hinein sollten behutsam gegangen werden, um die Fähigkeiten der Beteiligten auszuloten und sich langsam an die nötigen Verhaltensweisen und Arbeitstechniken heranzutasten. Ich schlage vor, mit Methoden zu beginnen, die den Schülern vermutlich schon bekannt sind und die Freiarbeit vorbereiten können („Fingerübungen"). In einem zweiten Schritt können dann Elemente von Freiarbeit in gebundenen Unterricht eingebaut werden („Freiarbeitsbausteine").

Bei den „*Fingerübungen*" geht es darum, Methoden, die die Schüler auf Freiarbeit vorbereiten, verstärkt in den Unterricht einzubeziehen. Zu denken ist an: Gruppenarbeit, Partnerarbeit, Auswertung von Informationsmaterialien, Gestaltungsaufgaben usw. Solche Arbeitsgänge stärken die Fähigkeit, selbständig zu arbeiten, ermöglichen die Erfahrung, im Unterricht etwas für sich selbst (weder für den Lehrer noch für die Note!) zu erarbeiten, lassen die Zuversicht bei den Kindern wachsen, dass sie etwas können, machen vielleicht auch Lust, sich auf weitere Angebote einzulassen.

Eine sehr gute Möglichkeit ist es, Teilaspekte eines Unterrichtsthemas als „*Freiarbeitsbausteine*" in kleinen Gruppen zu erarbeiten und dann die Ergebnisse in den gebundenen Unterricht zu integrieren. Natürlich handelt es sich hierbei noch nicht um Freiarbeit im anspruchsvollen Sinn; denn ähnliche kleine Vorhaben baut jeder Lehrer in seinen Unterricht ein. Aber solche Bausteine sind doch gute Vorbereitungen zum Freien Arbeiten. Auf jeden Fall sollten die Erfahrungen, die Lehrende und Lernende mit solchen Versuchen machen, in der Gruppe besprochen werden, um gemeinsam mehr Sachverstand für Freiarbeit anzubahnen.

6.4 Resümee – Kompetenzgewinn durch Freies Lernen

Das Freie Lernen kann wichtige Fähigkeiten bei Schülern und Lehrern hervorbringen oder verstärken.

1. Wachsende Selbstkompetenz

Für Schüler:

- Sie haben die Möglichkeit, immer bewusster zu Subjekten ihrer Lern- und Arbeitsprozesse zu werden.
- Damit wachsen Selbstvertrauen und der Aufbau eines stabilen Selbstkonzepts.
- Durch die ständige Herausforderung zur freien Wahl können sie ihre Entscheidungsfähigkeit ausbilden.
- Sie können bewusst das Anwachsen von Qualifikationen wahrnehmen und verstärken.
- Sie können Erfolg erleben und damit ihr Selbstbewusstsein festigen.
- Sie können erleben, dass Arbeit nicht zwangsläufig entfremdet und entfremdend sein muss; damit können sie ein neues Verhältnis zur Arbeit aufbauen.
- Sie können gezielt ihre Stärken und Schwächen in ihre Lernbiographie einbeziehen und so fähig werden, mit ihnen umzugehen.
- Sie können gemäß ihren Bedürfnissen allein oder kooperativ arbeiten.

Für Lehrer:

- Sie können die Chance wahrnehmen, für sich selbst zu lernen und zu arbeiten.
- Sie können das Rollenklischee des „Lehrplanvollzugsbeamten" aufbrechen und ihr eigenes Konzept als Lehrer überdenken.
- Sie können ihre Kraft gezielt im Rahmen eines stimmigen Lern- und Arbeitskonzepts einsetzen, statt sie in unproduktiven „Machtkämpfen" und Disziplinschwierigkeiten zu verbrauchen.

2. Wachsende Sozialkompetenz

Für Schüler:

- Sie können erfahren und zunehmend praktizieren, dass Zusammenarbeit ohne Angst vor Konkurrenzdruck möglich und fruchtbar ist.
- Dazu gehört auch Respekt vor denen, die in gleicher Intensität selbstbestimmt arbeiten und Rücksichtnahme auf deren Bedürfnisse.
- Sie können die Fähigkeit aufbauen, Hilfe zu geben und anzunehmen.
- Sie können ihre Fähigkeit schulen, Arbeitsergebnisse zur Diskussion zu stellen und argumentativ zu vertreten.

Für Lehrer:

- In Folge der Befreiung von Rollenfixierungen können sie lernen, mit Schülern gemeinsam zu planen und zu reflektieren.
- Diese Erfahrung der Befreiung kann auch ihre Beziehungs- und Kooperationsfähigkeit ganz allgemein unterstützen.

3. Wachsende Methodenkompetenz

Für Schüler:

- Sie können durch die Beschäftigung mit „erschließenden Inhalten" wesentliche, für ihren Zugang zur „Welt" bedeutsame Inhalte kennenlernen.
- Sie erlernen Erschließungswege und können zunehmend selbständig ihre Lebenswelt verstehen, bearbeiten und verändern.
- Diese Wege beziehen sich auf die Kenntnis und sichere Handhabung allgemeiner Erschließungs- und Arbeitsmethoden wie selbständige Planung und Durchführung von Arbeitsvorhaben usw.

Für Lehrer

- Die für das selbständige Lernen der Schüler nötigen Methoden, die vermutlich teilweise verschüttet waren, sind wieder aufzusuchen und zu vermitteln.
- Dabei wird es vermutlich auch bei den Lehrenden zu Neu-Entdeckungen, zu neuer Lust am Lernen und Lehren kommen.

4. Wachsende Fachkompetenz

Wo Methoden erlernt, angewendet und geübt werden, die sich spezifisch auf die Erschließung des jeweiligen Gegenstandsfeldes beziehen, kommt es zu einem Zuwachs an fachlicher Kompetenz.

5. Wachsende politische Kompetenz

Weil das Freie Lernen damit rechnet, dass Menschen Freiheit gegeben ist, die im Prozess schulischen Lernens auszubilden und freizusetzen ist, hat es auch eine politische Dimension: Die Lernenden erfahren, dass Autonomie und Selbstbestimmung sozusagen zur Grundausstattung des Menschen und zu seinen fundamentalen Rechten gehören. Dies wird nicht als feierliche Deklaration zelebriert – wirklichkeitsfremde Absichtserklärungen lösen bekanntlich eher Aversionen aus! – sondern im alltäglichen Prozess von freier Wahl und Kompetenzzuwachs real praktiziert: Die Lernenden erfahren, dass (schulische) Wirklichkeit nicht ein für alle Mal unverrückbar feststeht, sondern für humane Veränderungen geöffnet werden kann. Dies ist vielleicht auch für die, die lehren sollen, der wichtigste Ertrag Freien Lernens, weil er Selbstgenügsamkeit und Resignation außer Kraft setzt.

7 „Hilf mir, selbst zu glauben"

Anmerkungen zur religiösen Erziehung

7.1 Zum pädagogischen Ansatz

Nach einer Blütezeit in den fünfziger und sechziger Jahren hat die religiöse Erziehung in der Montessori-Pädagogik für lange Zeit eher ein Schattendasein geführt. Ihre selbst entwickelten Materialien zur religiösen Erziehung sind in den Montessori-Kinderhäusern offensichtlich kaum in Gebrauch. Auch die entsprechenden Fachfirmen bieten diese Materialien nicht an – ein Indiz, dass keine Nachfrage besteht. In der allgemeinen Sekundärliteratur zur Montessori-Pädagogik war die religiöse Erziehung bis in die Mitte der neunziger Jahre nur schwach repräsentiert; und auch in der Religionspädagogik wurde die Montessori-Pädagogik faktisch nicht wahrgenommen. Erst in den letzten Jahren hat eine neue Diskussion eingesetzt, angestoßen durch die Arbeiten von Cavalletti und Berg.

Die Zurückhaltung hängt vermutlich damit zusammen, dass aus Montessoris Denken unter dem Stichwort „religiöse Erziehung" vor allem ein bestimmtes Konzept einer katholisch-liturgischen Unterweisung für Kinder bekannt war, das in seiner historischen Form nach Ansatz und Praxis dem heutigen Verständnis von Erziehung und Religionsunterricht im öffentlichen Raum kaum noch entspricht. Der Titel, unter dem dies Konzept verbreitet ist, benennt das Programm: „Kinder, die in der Kirche leben"[1]. Das Konzept entstand während Montessoris Jahren in Barcelona (ab 1913) als Versuch, Kinder in das Leben der Kirche einzuweisen und ihnen Hilfen zum Einleben in Liturgie und Kirchenjahr, in kirchliche Lehre und Moral zu geben.

---

[1] So lautet auch der Titel eines Bandes mit Schriften zur religiösen Erziehung. In veränderter und um neue Arbeiten erweiterter Form ist er in der Reihe der „Kleinen Schriften" jetzt neu ediert: Gott und das Kind, 7.

Die wenig ausgeprägte Präsenz der religiösen Erziehung in der gegenwärtigen Montessori-Pädagogik und auch Religionspädagogik ist bedauerlich und unverständlich. Bedauerlich, weil die Montessori-Pädagogik wertvolle Anregungen für heutige religiöse Erziehung zu bieten hat – diese These wird im Lauf der Überlegungen noch weiter entfaltet; unverständlich, weil Montessoris ganzes Leben und Werk unübersehbar von Religion geprägt ist. Das zeigt sich zunächst einmal unter biographischem Aspekt: Ganz selbstverständlich sah sie sich als gläubige katholische Christin, auch wenn sie sicher – vor allem durch ihren Aufenthalt in Indien – im Lauf ihres Lebens in weitere Räume der Spiritualität hinein gewachsen ist. Auch im Blick auf ihr Werk hat sie immer wieder betont, dass es nicht begrenzt sei auf eine bestimmte Religion oder Konfession.

Mit religiöser Erziehung im Sinne einer katholischen Unterweisung hat sie sich in einigen gewichtigen Aufsätzen, aber eigentlich eher punktuell befasst, doch durchgehend hat sie ihre philosophischen und pädagogischen Gedanken religiös interpretiert, vor allem im Blick auf die Anthropologie und die Kosmische Erziehung. Das hängt vor allem mit ihrer anthropologischen Grund-These zur Religion zusammen.

7.2 Die anthropologische Basis-These

Montessori ist überzeugt, dass Religion zu den grundlegenden Wesensmerkmalen des Menschen gehört:

> *„Wir müssen bedenken, dass Religion eine universale Empfindung ist, die in jedem Menschen existiert und existiert hat seit Beginn der Welt. Es ist nicht etwas, was wir dem Kind geben müssen. Gerade so, wie in jedem Menschen eine Tendenz gegeben ist, Sprache zu entwickeln, ist eine Tendenz gegeben, Religion zu entwickeln (…) Sprache und Religion sind die beiden Kennzeichen jeder Menschengruppe (…) Wenn uns Religion fehlt, so fehlt uns etwas Fundamentales für die Entwicklung des Menschen.“* (7, 96f)

„Religion" meint hier augenscheinlich etwas sehr Allgemeines, etwa im Sinne der berühmten Formulierung des Theologen Paul Tillich, Religion sei „das, was uns unbedingt angeht", oder auch verstanden als das Bedürfnis und die Fähigkeit, über das Vorfindliche, materiell Greifbare hinaus nach Sinn und Wert, nach Gerechtigkeit und Vertrauen zu fragen und dabei offen zu sein für Transzendenz.

7.3 Montessoris Praxis der religiösen Erziehung

Montessori unterscheidet im Blick auf Religion zwei Dimensionen. Da ist *zum einen* jenes fundamentale Grundbedürfnis, das zur humanen Grundausstattung gehört. Dieses formiert und prägt sich dann *zum anderen* in konkreten Religionen und Konfessionen aus. Entsprechend ist die religiöse Erziehung zu differenzieren: Sie ist in einem sehr *allgemeinen Sinn* als helfende Begleitung bei der Entfaltung des kindlichen Bedürfnisses nach Religion aufzufassen und darum für jedes Kind geeignet, gleich welcher Religion oder Konfession es sich zugehörig fühlt. Diese Universalität ihrer Gedanken zur religiösen Erziehung hat sie in einem Text mit dem Titel „Das Gebet" entfaltet.

> *„Hilf uns, o Herr, die Geheimnisse des Kindes zu ergründen, dass wir es erkennen, es lieben und ihm dienen können gemäß deinen Gesetzen der Gerechtigkeit und deinem göttlichen Willen folgend."* (7, 106ff)

Sie merkt dazu an:

> *„Es ist wie ein Memorandum und zugleich ein geistiges und praktisches Programm. Jeder, auch ein nicht-religiöser Mensch – oder Praktizierende welcher Religion auch immer –, kann das gleiche Gebet wiederholen, indem er sich auf die darin angegebenen Prinzipien konzentriert."* (108)

Hier zeigt sich ein wichtiger Grundsatz: Religiöse Erziehung im Sinn Montessoris muss sich an den allgemeinen Grundsätzen ihres Erziehungskonzepts ausrichten, ist aber auch *Einleben in eine konkrete Reli-*

gion: dies war für Montessori die katholische Kirche. Sie lebte ja in einer Zeit, in der sich die Gesellschaft – zumindest in den südeuropäischen Ländern – als einheitlich und stabil von der römisch-katholischen Konfession geprägt zeigte. Hier war ihrer Ansicht nach die vorbereitete Umgebung für die religiöse Erziehung einzurichten.

7.3.1 Religiöse Erziehung als Förderung von Religion

Erwägungen zu möglichen Grundsätzen einer allgemeinen religiösen Erziehung setzen zweckmäßig mit dem Vorschlag ein, die Montessori-Pädagogik im Ganzen als religiöse Bildung zu betrachten. Dies kann man als *implizite* religiöse Erziehung auf der Spur der Montessori-Pädagogik bezeichnen.

Die Qualität der Montessori-Pädagogik als implizite religiöse Erziehung ist schon früh erkannt und immer wieder reflektiert worden, obwohl Maria Montessori dies nie in einem systematischen Entwurf ausgeführt hat. Sie berichtet, was spanische Priester um 1910 in ihrem Konzept als spezifisch christlich erkannten:

> *„Die Demut und die Geduld der Erzieherin, die Bewertung des Tuns mehr als bloße Worte, die Sinnesumgebung zu Beginn seelischen Lebens, das Schweigen und die Sammlung, die von den Kindern erreicht werden, die Freiheit, die der kindlichen Seele gegeben wird, sich zu vervollkommnen, die Sorgfalt, alles, was nicht gut ist, zu vermeiden oder zu bessern, sogar einfachen Irrtum und geringe Unvollkommenheit, die Fehlerkontrolle, die mit meinem Entwicklungsmaterial verbunden ist, und die liebevolle Achtung vor dem inneren Leben des Kindes.“* (7, 40).

In einem wichtigen Aufsatz hat Paul Oswald 1987 einige zentrale Grundsätze der Montessori-Pädagogik in ihrer religiösen Dimension interpretiert (Oswald, 1987). Er hebt besonders hervor: Die Ehrfurcht vor der Würde der Person; Ernstnehmen und Förderung der Freiheit; Erziehung in Liebe; Erkennen und Aufgreifen der schöpfungsgemäßen Bestimmung in der kosmischen Erziehung.

Sechs Grundgedanken Montessoris könnten für die religiöse Erziehung besonders fruchtbar werden:

1. Erziehung richtet sich am unantastbaren Personzentrum des Kindes aus. Dieses ist Montessori so wichtig, dass sie es in äußerster Zuspitzung religiös interpretiert: „Wir dürfen nicht nur das Kind sehen, sondern Gott in ihm. Wir müssen die Gesetze der Schöpfung in ihm achten. Wir dürfen nicht denken, wir könnten das Kind machen; wenn wir das tun, verderben wir das göttliche Werk". (4, 18)

Es versteht sich von selbst, dass hier keine „Vergottung des Kindes" gemeint ist. (Vgl. Heine 1996) Die Wendung „Gott im Kind" ist Chiffre für den „inneren Bauplan" des Kindes und unterstreicht zugleich die tiefe Ehrfurcht vor der Würde des Kindes. Als Konsequenzen zeichnen sich ab: Auch im Feld der religiösen Erziehung ist die Würde und Eigenständigkeit des Kindes unbedingt zu respektieren; Vertrauen und Fähigkeit zur Selbstannahme sind die Basis religiöser Erziehung; dies wird beim Kind zur Ich-Stärke führen.

2. Erziehung geht vom Kind und seinem eigenen Aufbau der Person aus. Die Erwachsenen begleiten diesen Prozess. Indem sie an der Aufbauarbeit der Kinder teilnehmen, lernen sie wiederum von ihnen. Dies gilt auch für die religiöse Erziehung. Immer wieder betont Maria Montessori, dass das Kind selbst den Erwachsenen den Weg zeigt, der zur Entfaltung der Religion zu gehen ist. Hierbei bezieht sie sich nachdrücklich und ausführlich auf Jesus, auf seine Aussagen über die Kinder, die Vorbilder der Erwachsenen sind. In diesem Zusammenhang ist auch daran zu erinnern, dass Jesus in seinen Gleichnisreden den Glauben insgesamt mit Bildern des Wachsens beschreibt, die dem Zustand und der Entwicklung der Kinder sehr gemäß sind. Das regt dazu an, die (religiöse) Erziehung konsequent als Wachstumsprozess zu begreifen und auszurichten: Das Kind soll in Freiheit wachsen können und sein eigenes Wachstum erleben und gestalten. Mit welchen Konsequenzen ist das verbunden? Auch in der religiösen Erziehung sollte der Erzieher „die Honoratiorenrobe ablegen". Er kann die Rolle des Be-Lehrers, der alle Antworten auf die Lebensfragen schon weiß, weitgehend zurück neh-

men und mit den Kindern gemeinsam nach Glauben und Leben fragen und suchen. Darüber hinaus muss religiöse Erziehung bedacht sein, dem Kind seiner Wachstumsstufe und individuellen Reifung gemäß Möglichkeiten des Glaubens vor Augen zu stellen. Materialien zur freien Arbeit, Stille-Übungen oder Meditationen sollten ein breites Spektrum an unterschiedlichen Erfahrungen, sprachlichem Ausdruck, alternativen Perspektiven und Gestaltungen umgreifen. Zum Recht auf Wachstum gehört auch, dass sich das Kind letztlich der Planbarkeit und Verfügbarkeit entzieht. Das schließt ein, dass es mit einem religiösen Angebot ganz eigene, in unseren Augen vielleicht absonderliche oder absurde Ideen verfolgt.

Das Vertrauen auf das eigene Wachsen des Glaubens (das Gleichnis Jesu von der selbst wachsenden Saat, Mk 4, 26–29!) sollte dem Lehrer die notwendige Gelassenheit und Geduld eröffnen – vielleicht auch gegenüber Stockungen und Trockenphasen im Blick auf die eigene Erkenntnis und den eigenen Glauben.

3. Montessoris Grundgedanke von Freiheit und Bindung beinhaltet zwei Konsequenzen im Blick auf die religiöse Erziehung. Gegenüber allen Versuchen, religiöse Erziehung auf die Vermittlung der „unverkürzten Lehre" der Kirchen festzulegen, ist nachdrücklich darauf hinzuweisen, dass das Kind seinen eigenen Weg zum Glauben und seiner Gestaltung finden muss. Das bezieht sich einmal darauf, dass im Rahmen der Glaubensentwicklung entsprechende Wege der Vermittlung zu wählen sind. Die Freiheit des Glaubens bedeutet aber auch, dass Kinder, Jugendliche und Erwachsene ihre ganz eigene Sicht und Praxis finden müssen. Und: Die religiöse Erziehung ist weitgehend nach den Grundsätzen des Freien Lernens zu gestalten. Dies wirkt sich auf die Inhalte und den Prozess des Unterrichts aus. Eine wichtige Aufgabe ist es, die Lernenden zur selbständigen Auseinandersetzung mit Religion zu befähigen.

4. Religiöse Erziehung weckt die Sensibilität für die Stellung und Aufgabe des Menschen im Kosmos. Im Blick auf diese Thematik treffen sich Impulse der Montessori-Pädagogik („Kosmische Erziehung") mit Aufgabenstellungen und Themen der neueren Religionspädagogik, die

seit einigen Jahren intensiv an der Schöpfungsthematik unter ökologischem Aspekt arbeitet. Praktisch zeigen sich zwei große Arbeitsbereiche: *Eine bewusste Einstellung zum Leben gewinnen.* Bei der Sensibilisierung geht es nicht um bestimmte Techniken, sondern um die Gewinnung einer bestimmten Einstellung zum Leben. Es gilt, das stumpfe, selbstverständliche Dahinleben aufzubrechen. *Verantwortung entwickeln.* Kinder, die so sensibilisiert sind, werden dann auch – aus der Freude und der Erkenntnis heraus – bereit werden, in ihrem Lebensbereich Verantwortung für die Schöpfung zu übernehmen.

5. Religiöse Erziehung ist, wie jede Erziehung, indirekte Erziehung, helfende Begleitung des Kindes auf seinem Weg der Selbstentfaltung:

> *„Wie können wir dem Kind Religion vermitteln? Nun, wir können sie nicht geben, wir müssen sorgen, dass sie sich entwickelt. Das Gefühl ist da; wenn es nicht da wäre, könnten wir es nicht geben, und wir könnten nicht helfen, dass es sich entfaltet. Es ist wie eine Nebula, etwas Lebendiges, das sich entwickeln muss. Es muss sich entwickeln durch den Einfluss der Umgebung. Wir müssen für die rechte Umgebung sorgen.“* (7, 97)

6. Lernen ist lebensbezogenes, ganzheitliches Lernen. In der vorbereiteten Umgebung kann das Kind seine Fähigkeiten entwickeln und die Welt handelnd, erlebend und verstehend aufnehmen. Dies gilt auch für das religiöse Lernen: „Wenn der Erwachsene es nötig hat, seine Religion nicht nur zu wissen, sondern zu leben, so ist diese Notwendigkeit um so größer beim Kind, das sie eher leben als wissen kann.“ (7, 41)

7.3.2 Religiöse Erziehung als Einweisung in „katholisches Leben"

Montessori hat ihre Gedanken zur religiösen Erziehung in einem Konzept katholisch geprägter kirchlicher Unterweisung konkretisiert. Das kann man als ihre *explizite* religiöse Erziehung bezeichnen.

Die Anfänge kamen eher zufällig zustande. Ein katholischer Geistlicher in Barcelona, Pater Casulleras, hatte ganz unabhängig von Maria Montessori die Idee, Häuser für Kinder „im Schatten der Kirche" einzurichten, um eine intensive liturgische Erziehung zu ermöglichen. 1910 stieß er auf Montessoris „Il metodo" und war spontan fasziniert von der Idee, seine Ziele mit Montessori-Methoden zu verwirklichen. Dies vertiefte sich in einem persönlichen Gespräch mit Maria Montessori und wurde in die Tat umgesetzt. Die Idee des „Atriums" war geboren.

> *„Das Atrium ist keine Kapelle, sondern ein Raum, der für die religiöse Erziehung bestimmt ist. Er ist wie ein Vorzimmer zur Kirche (...) Das Atrium darf nicht als ein Ort aufgefasst werden, wo die Kinder nur sitzen, um religiöse Unterweisung zu erhalten, sondern als ein solcher, wo sie: 1. die Möglichkeit haben, gewisse Handlungen zu vollziehen; 2. die Möglichkeit, ganz in Ruhe zu leben; 3. die Möglichkeit für gewisse Tätigkeiten haben, die ihnen erlauben, bestimmte religiöse Kenntnisse zu erwerben."* (9, 31)

1913 wurde das „Haus der Kinder in der Kirche" in Barcelona gegründet. Wenn das Atrium auch kein sakraler Raum war, so enthielt es doch – in den Kindern angemessenen Dimensionen – die Gegenstände der Kirche.

Die Kinder lernten unter Anleitung eines Geistlichen handelnd die heiligen Gegenstände kennen, vor allem die Ordnung der Messe mit allem, was dazu gehört. Auf diese Weise kann das Kind nach Montessori erleben und erfahren, dass es „als Kind Gottes liebevoll aufgenommen ist im Haus des großen Himmlischen Vaters". (9, 20) Später fügte sie die intellektuelle Übung hinzu: Die rituellen Gegenständen wurden gezeichnet, mit Wortkärtchen verbunden und konnten durch verschiedene Übungen intensiver eingeprägt werden. Diese Übungen nahmen einen sehr großen Raum in der religiösen Erziehung ein.

1931 kam dann eine Erweiterung des Einlebens in die Liturgie hinzu: Maria Montessori entwickelte eine differenzierte Methode zur Erschließung des Kirchenjahrs; die intensive Beschäftigung sollte die Kinder zu einem „Leben mit Christus" führen. In späteren Jahren verband Montessori Landarbeit mit der religiösen Erziehung: Die Kinder bauten selbst Weizen und Rebstöcke an, um das Heranreifen der Elemente der Eucharistie mitzuerleben.

Insgesamt ging Maria Montessori davon aus, dass die religiöse Erziehung gerade im Blick auf die liturgische Unterweisung der allgemeinen Erziehung genau entspricht und auf ihr aufbaut.

- Die vorbereitete Umgebung im Kinderhaus entspricht dem Atrium.
- Die Einübung in die Aufgaben des täglichen Lebens beziehen sich im Kinderhaus auf die notwendigen Fertigkeiten zur Orientierung im Alltag; im Atrium geht es um die Einübung in das gottesdienstliche Leben.
- Die allgemeine Erziehung bietet Hilfen zur Entwicklung der intellektuellen Fähigkeiten und zur Entfaltung der Persönlichkeit. Die religiöse Erziehung bemüht sich um Förderung des religiösen Lebens. (1, 323)

Das starke Echo, das die Montessori-Pädagogik seinerzeit im Raum der katholischen Liturgie und Religionspädagogik fand, wurde sicherlich stark begünstigt durch die Tatsache, dass ihre Ansätze aufs glücklichste mit den zeitgenössischen liturgischen und katechetischen Reformbewegungen zusammenstimmten. Im Bereich der *Liturgie* ging es darum, erstarrte Riten zugunsten der Erschließung ihrer Kraft für gelebtes Christsein aufzubrechen. Die Besinnung auf die pastorale Basis der Liturgie ging Hand in Hand mit Bestrebungen zu praktischen Veränderungen. Im Blick auf die *Katechese* bemühte man sich, die herkömmlichen Formen mit ihren abstrakt-begrifflichen und moralisierenden Tendenzen durch Anschaulichkeit zu beflügeln und die Glaubenspraxis mit einzubeziehen.

Gerade für die kirchlich-liturgische Erziehung ist nach Montessori die Bereitstellung der vorbereiteten Umgebung wichtig. Hier ist der Ort für entdeckendes, erlebendes, handelndes und verstehendes Lernen. Insbesondere in der Phase des absorbierenden Geistes in den ersten Lebensjahren kommt es darauf an, dass das Kind durch Teilnahme am häuslichen und gottesdienstlichen Leben geprägte, gelebte Religion aufnimmt. In der Phase von sechs bis zwölf Jahren kommt dann handlungsorientiertes, projektartiges Lernen verstärkt hinzu, etwa in Form der Anbaus von Korn und Wein. Für die dritte Entwicklungsstufe von zwölf bis achtzehn Jahren legt Montessori besonderen Wert auf die Verbindung von religiösem und sozialem Lernen.

Der zweite Bereich der religiösen Erziehung bei Montessori ist die moralische Erziehung. Zunächst ist kleineren Kindern durch intensive Zuwendung ein Gefühl der Sicherheit zu vermitteln:

> *„Gott, der das Kind liebt und schützt und seine Engel aussendet, um es Tag und Nacht unsichtbar zu bewachen, ist die Grundlage ihrer Religion (…) Erst später erwacht ihr soziales Gefühl, und sie empfinden die Verantwortung für ihre eigenen Taten. Dann ist es an der Zeit, dass sich zu dieser neuen Entwicklung eine Führung gesellt: eine Führung in der Welt und besonders eine Führung, die das Gewissen des Individuums leitet."* (1, 328)

Montessoris katechetisches Konzept ist darum in sich so stimmig, weil es sich auf zwei starke Grundoptionen stützt: Die fundamentale Bedeutung der katholischen Kirche und die zentrale Stellung der Liturgie:

> *„Für mich ist die Katholische Kirche das größte all der Wunder, die Gott auf der Erde gewirkt hat. Keine der anderen großen Religionen hat auch nur entfernt Ähnliches aufzuweisen. Die Kirche unterscheidet sich von ihnen, weil sie ein lebender Organismus ist, die Schöpfung des Hl. Geistes, und sie hat neue Formen der Kultur geschaffen (…) Die Kirche besitzt eine ‚divina sapienza', eine göttliche Weisheit, da sie nicht nur vom Hl. Geist hervorgebracht wurde, sondern auch von ihm geführt und geleitet wird. Diese Weisheit ist überpersönlich; und die Kirche erfüllte ihren göttlichen Auftrag trotz der Unvollkommenheit, ja offensichtlicher Schlechtigkeit mancher Menschen in ihr."* (7, 127f)

Und zur Liturgie schreibt sie:

> *„Die Liturgie, die ein großartiger Ausdruck des Glaubensinhalts ist, mag wohl die ‚pädagogische Methode' der katholischen Kirche genannt werden, die nicht nur durch das Wort die Gläubigen belehrt, sondern*

welche die verschiedenen Tatsachen und Symbole der Religion lebendig darstellt und dem Volk erlaubt, jeden Tag an ihnen teilzunehmen. Damit es Leben spendende Nahrung für seine Seele findet, braucht man dem Kind nur diese vom göttlichen Licht glänzenden Tore zur Liturgie zu öffnen." (7, 41)

Diese Basisaussagen sind gewiss im Kontext ihrer Zeit und ihres Ortes zu verstehen. Gerade in den südeuropäischen Ländern war eine einheitlich kirchlich-katholisch ausgerichtete Gesellschaft maßgebend, in der das gottesdienstliche Leben selbstverständlicher Mittelpunkt des öffentlichen Lebens und das Zusammensein der Familie christlich geprägt war. Die entscheidende Frage ist jedoch, inwieweit Montessoris Idee einer kirchlichen Unterweisung auch heute noch bestehen kann bzw. inwieweit es produktive Transformation ihres Konzeptes religiöser Erziehung in die Gegenwart gibt.

7.4 Religiöses Lernen in einer veränderten Zeit

7.4.1 Problemanzeigen und Fragen an Montessoris Konzept

Eine der Grundvoraussetzungen für Montessoris katechetisches Konzept ist gegenwärtig in Deutschland nicht gegeben: An die Stelle einer katholisch geprägten Gesellschaft ist eine multikulturell geprägte getreten, in der der faktische Einfluss des Christentums immer mehr schwindet. Außerdem ist Montessoris Auffassung von der Kirche heute weder durch Erfahrung noch durch theologische Reflexion gedeckt. Kirche wird nur noch von wenigen als Ort gelebten Glaubens erfahren und als „Lehrmeisterin" angenommen. Auch theologisch ist die Konzentration auf die Kirche als allein maßgeblichem Ort der Gegenwart Gottes in der Welt problematisch geworden. Die Kirche ist nicht als solche exklusiv und von vornherein Trägerin der Herrschaft Gottes in der Welt. Sie ist an diesem Prozess beteiligt, wenn sie den Maßstäben der Gottesherrschaft gemäß lebt und handelt. Eine kritische Anfrage ist auch an den Ansatz der religiösen Erziehung im Atrium zu richten. Montessori hat sie ja in strikter

Korrespondenz zu den Übungen des täglichen Lebens konzipiert. Dort geht es um die Einübung in zweckmäßiges und effektives Verhalten in der Alltagspraxis. Lässt diese Analogie genügend Spielraum für die eigene Entfaltung der Kinder? Diese Rückfrage bezieht sich auf das Wachsen eines eigenen Glaubens, aber auch auf die Möglichkeit, eigene Formen für die kreative Gestaltung des Glaubens in Fest und Feier, Ritual und Andacht zu finden. Bereits vor Jahren warnte Helene Helming vor allzu viel „Gewöhnung“ und „Ordnung“ und forderte die „Freiheit des Herzens“: „Gerade die religiöse Erziehung verlangt den Raum der Freiheit.“ (Helming, 1992, 160) Diese Forderung will die abgewandelte berühmte Formulierung zum Ausdruck bringen, die ich als Titel für dies Kapitel gewählt habe: „Hilf mir, selbst zu glauben!“

7.4.2 Eine vorbereitete Umgebung für religiöses Lernen in der Gegenwart

a. Grundsätze für religiöses Lernen nach Montessori

Ich greife noch einmal die These auf, dass die Montessori-Pädagogik wertvolle Impulse für religiöses Lernen in der Gegenwart zu bieten hat. Das bezieht sich zunächst einmal auf die *allgemeinen Grundsätze* der religiösen Erziehung, wie sie bei Montessori zu finden sind. Ich hebe besonders hervor:

- Lernen in der Spannung von Freiheit und Bindung: Religiöse Erziehung ist demnach als offener Lernprozess aufzufassen und zu gestalten. Das entspricht auch den Grundsätzen der Kirchen; exemplarisch sei eine Aussage der katholischen Synode der Bistümer genannt: Der Religionsunterricht „weckt und reflektiert die Frage nach Gott, nach der Deutung der Welt, nach dem Sinn und Wert des Lebens und nach den Normen für das Handeln des Menschen und ermöglicht eine Antwort aus der Offenbarung und aus dem Glauben der Kirche.“ (Der Religionsunterricht in der Schule. 1974, 18)
- Die Gestaltung der religiösen Erziehung als gemeinsamer Entdeckungs-, Lern- und Erfahrungsprozess von Lehrenden und Lernenden;

- Die Bedeutung der Meditation und die Besinnung auf die Stellung des Menschen im Kosmos;
- Das Prinzip der indirekten Erziehung: Auch Religion wird als ein Angebot zur lernenden Auseinandersetzung in der vorbereiteten Umgebung dargestellt.

Welche der Grundsätze der *Atriumarbeit* Montessori sind heute – trotz der notwendigen kritischen Anfragen an die konkrete Ausgestaltung in ihrer Zeit – noch besonders interessant?

- Die lebensweltliche Ausrichtung des religiösen Lernens: Das Atrium ist ja ein Lebensraum als Lernort. Heute werden wir allerdings andere Lernorte aufsuchen müssen;
- Das ganzheitliche Lernen: Die Kinder haben die Möglichkeit, Religion erlebend, handelnd und verstehend aufzunehmen;
- Die Bedeutung von Fest und Feier, die Religion emotional vertiefen und überdies das *gemeinsame* Erleben und Lernen ermöglichen.

Wie könnte nun ein zeitgemäßes Atrium aussehen?

b. Das Atrium

Die Besucher des Atriums

Ein zeitgemäßes Atrium soll allen offen stehen, die sich mit Religion beschäftigen wollen: Kinder, die in der Kirche leben, die also in einer intensiv kirchlich geprägten Familie aufwachsen, bilden in einer Kindergartengruppe oder einer Schulklasse inzwischen eher die Minderheit. Es sollen auch die kommen, die keine Beziehung zu einer Kirche kennen und neugierig auf ihre eigene Religion sind. Willkommen sind auch diejenigen, die in multireligiösen Gruppen oder Klassen heran wachsen und sich für die Religion der anderen interessieren. Und nicht zuletzt steht denen das Atrium offen, die bisher noch keine Sensibilität für Religion entwickeln konnten, aber wissen möchten, was „hinter den Dingen“ steckt.

Die Lernangebote des Atriums
Welcher Art sollten die im Atrium angebotenen Angebote und Materialien sein?

- Ein Atrium, eine Eingangshalle in das „Haus der Religion“ für unsere Zeit müsste zunächst einmal Angebote für die enthalten, die keine Sensibilität für Religion (mehr) entwickeln. Es muss aber deutlich gesagt werden, dass es beim religiösen Lernen im öffentlichen Bereich nicht darum gehen kann, Kinder und Jugendliche für eine bestimmte Kirche oder Religionsgemeinschaft zu werben. Vielmehr soll deren Sinn für Religion angeregt werden. Wo nicht mehr nach der Tiefendimension des Lebens gefragt wird, nach Sinn und Hoffnung, nach dem, „was uns unbedingt angeht“, kommt es zu einer eindimensionalen (Marcuse), verarmten Lebensperspektive. Wir müssen wieder lernen – und lehren – dass die Wirklichkeit noch eine andere, tiefere Schicht hat, die Schicht der Gefühle und existentiellen Erfahrungen, der Wertvorstellungen und der religiösen Orientierung. Mehrdimensionales Wahrnehmen und Denken kann vor allem durch den Umgang mit Symbolen erlernt werden. Das Atrium sollte also viel symbolisches (Freiarbeits-) Material anbieten. Exemplarisch sei noch einmal das genannte Freiarbeitsmaterial zum Symbollernen erwähnt. (Vgl. Berg/Weber, 2000)

Ein Beispiel: Bilder und Texte zum Symbol „Tür“ regen an, Beobachtungen in der Realität auf die eigenen Lebenserfahrung hin symbolisch zu beleuchten: Wie erlebe ich „Türen“ in Bezug auf Menschen, Erlebnisse, Entscheidungen? Erfahre ich eher verschlossene „Türen“ oder eher solche, die sich öffnen? Kann Religion „Tür“ sein?

Der Sinn für Religion kann auch durch alle Materialien angeregt werden, die die „großen Fragen“ thematisieren.[2] Wichtig sind Angebote zur religiösen Deutung von Erfahrungen. Als ein Beispiel sei auf das „Was uns die Wiesenblume erzählt“ verwiesen. (Berg, 2000) Dieses Material zur Kosmischen Erziehung eignet sich in vereinfachter Form auch

---

[2] Ausgezeichnete Anregungen in Form eines Freiarbeitsmaterials bietet z. B. auch die „Gewitternacht-Kartei“ von Oberthür, 1955.

gut für den Kindergarten. Bereits die Einbeziehung der Naturbeobachtungen in die Gedankenwelt des lebens-dienlichen universalen Zusammenhangs ist im Sinne Montessoris als religiös zu verstehen; eine Weiterführung in spezifisch christliche Sichtweise ist möglich.[3]

- Bei Angeboten zum Kennen lernen der christlichen Religion sollte der Ausgangspunkt der Erfahrungs- und Erlebnisbereich der Lernenden sein, vor allem in bezug auf Brauchtum und Feste. Hier wäre es wichtig, nicht einfach traditionelle Deutungen aus dem Zusammenhang der kirchlichen Lehre anzubieten, sondern vor allem auch erfahrungsbezogen-existenzielle. Sehr gute Deutungen bietet Hubertus Halbfas in seinen Religionsbüchern für die Grundschule an; wertvolle Anregungen und Materialien finden sich auch in den Lehrerkommentaren zu den Schulbüchern.
- Für Angebote zum Kennen lernen nicht-christlicher Religionen stehen zahlreiche Informationsmaterialien, Vorlesebücher usw. zur Verfügung wie z. B. die Reihe „Geschichten vom Himmel und der Erde" (Lahr/Stuttgart 1994ff), „Das Welthaus" von Halbfas (Halbfas 1983), die Reihe „Vorlesebuch Fremde Religionen" (Tworuschka, 1993ff). Günstig ist sicher wieder der Zugang über Feste und Bräuche (z. B. Wagemann, 1996). Ein interessantes Projekt liegt im „Hamburger-Kulturen-Atelier" vor. (Doedens, 1996) Es ist als mobile Lernwerkstatt konzipiert, die u. a. folgende Elemente enthält: Anregungen und Informationen zur direkten Begegnung von Schülern mit Menschen und Einrichtungen verschiedener religiöser Gruppen vor Ort, eine Sammlung religiöser Gegenstände als zentrale Symbole. Solche Gegenstände können Schlüsselfunktion zum erlebenden Verständnis von Religion. (Vgl. dazu auch: Tworuschka, 1996)
- Angebote zum festlich-kommunikativen Erleben von Religion sind im Hinblick auf die multireligiöse Situation und die Notwendigkeit offener Lernprozesse zu modifizieren. Der Respekt vor der Überzeugung anderer verbietet es, Feste wie beispielsweise Passah oder Bayram einfach „nachzufeiern". Man wird einzelne Elemente erlebend

[3] Dies entspricht auch Deutungen anderer Religionen wie Judentum oder Islam; vgl. dazu das schöne Buch von Bissett, 1987.

und verstehend aufgreifen. Eine Modifikation ist aber auch im Blick auf die Gestaltung nötig: Kinder finden eigene Gestaltungen der Traditionen, die nicht einfach das Vorgefundene reproduzieren, sondern den Erfahrungen, Gefühlen und Bedürfnissen der Lernenden Rechnung tragen.

Der Raum des Atriums

Optimal wäre, wenn ein eigener Raum als Atrium zur Verfügung stünde. Dieser sollte nicht einfach ein Aufbewahrungsraum für Materialien für religiöses Lernen sein, sondern den Kindern und Jugendlichen Gelegenheit bieten, sich einmal zurückzuziehen, still zu werden, zu meditieren, zu beten. Dafür sollten Hilfen angeboten werden. Auch für die intensive Beschäftigung mit Texten, Bildern oder Gegenständen zu religiösen Themen ist man auf eine adäquat gestaltete Umgebung angewiesen.

Wenn kein eigener Raum zur Verfügung steht, könnte vielleicht die in vielen Montessori-Kinderhäusern und -Schulen gebräuchliche „Stille-Ecke“ genutzt werden. Wichtig ist, dass die Stille-Ecke wirklich die Möglichkeit bietet, sich an einen besonderen Ort zurückzuziehen, eine Nische in der Unruhe in sich selbst und um sich herum zu finden. Sie sollte also gut abgegrenzt sein (Raumteiler!), vielleicht könnte auch die in vielen kirchlichen Einrichtungen vorhandene Kapelle bzw. der Andachtsraum mit einbezogen werden.

Ein „Atrium“?

Diese ersten Überlegungen zum einem „Atrium“ bedürfen sicher noch der Kritik, Ergänzung, Erprobung. Blicken wir zurück auf die Tradition, mag es fraglich erscheinen, ob der Vorschlag tatsächlich die Bezeichnung „Atrium“ verdient. Montessori konzipierte es ja als ein „Vorzimmer zur Kirche“ mit liturgischem Charakter, ausgegrenzt aus dem Alltag. Sofia Cavalletti bezeichnet in ihrem Buch (Cavalletti, 1994, 49) das Atrium sogar als „hortus conclusus“ (geheimen Garten). Das vorgeschlagene „Atrium“ für unsere Zeit besitzt diese Qualitäten nicht – aber es ist offen für alle, die sich selbständig und selbst bestimmt mit Religion beschäftigen wollen. Und es kommt wohl mit seiner Offenheit Montessoris Idee des Lernens in Freiheit ziemlich nahe.

8 „Lernen mit Hand, Herz", aber ohne Kopf?

„Ganzheitlichkeit" und „Handlungsorientierung"

Das folgende Kapitel versteht sich als eine Anregung zur Diskussion. Er geht von der Montessori-Pädagogik aus und versucht, auf diesem Feld den möglichen Bedeutungen von „Ganzheitlichkeit" und „Handlungsorientierung" auf die Spur zu kommen. Gleichzeitig ist es als Beitrag zu einer interdisziplinären Verständigung über klarere Begriffe und deutliche Funktionsbestimmungen gedacht.

8.1 Zur Inflation von zwei Begriffen

Ganz ähnlich wie beim Aufkommen des Interesses an Freiarbeit hat zunehmender Leidensdruck in der Schule auch die lebhafte Nachfrage nach „Ganzheitlichkeit" und „Handlungsorientierung" angestoßen. Stichworte wie „verkopfte Paukschule" oder „einseitige Leistungsorientierung" zeigen Wirkung und bringen einen Innovationsdruck hervor. Das Lernen mit ganzheitlichen Methoden scheint eine reformpädagogische Alternative zu bieten, die ohne zu großen Aufwand zu realisieren ist und auch relativ schnelle Erfolge verspricht.

Dazu kommt die permanent wiederholte Behauptung, Kinder und Jugendliche seien ebenso unfähig wie unwillig, sich auf Lernprozesse einzulassen, die das Denken beanspruchen: Man dürfe sie nicht überfordern, Lernen müsse spaßbetont sein. Aber die auf den ersten Blick so attraktiven neuen Wege haben auch ihre Probleme:

- Allzu oft ersetzt das Schlagwort eine ordentliche didaktisch-methodische Reflexion – diese erscheint dann bald ganz entbehrlich. „Ganzheitlichkeit" und Beliebigkeit erscheinen wie Synonyme.

- Dazu kommt die inhaltliche Unschärfe des Begriffs: „Ganzheitlichkeit“ ist so etwas wie ein Cocktail-Mixer, in den die unterschiedlichsten Zutaten – in aller Regel nicht-kognitive Vermittlungsmethoden – gekippt und durcheinander gerührt werden. Unter diesem Aspekt gerät „Ganzheitlichkeit“ in bedenkliche Nähe zu Unklarheit/Verwaschenheit. Ein Grund, den Begriff vorerst nur in Anführungszeichen zu gebrauchen.
- „Ganzheitlichkeit“ beinhaltet oft eine Abwehrhaltung gegenüber kognitivem („verkopftem“) Lernen. Daher werden kognitiv ausgerichtete Lernprozesse häufig als Gegenpol zum „ganzheitlichen“ Tun aufgefasst und ausgeblendet.
- Gern wird „Ganzheitlichkeit“ auch dazu benutzt, vermeintlich unbeliebte Inhalte durch möglichst interessante, angenehme Methoden zu „verzuckern“ – es kommt zu einer „Verpackungs- und Unterhaltungsganzheitlichkeit“.
- In den Umkreis der „Ganzheitlichkeit“ wird auch meist das handlungsorientierte Lernen einbezogen. Da der Begriff der Handlungsorientierung ähnlich undeutlich ist, erscheint rasch alles, was nicht ganz dem gewohnten Frontalunterricht entspricht, als „handlungsorientiert“; und viele Lehrer machen sich auf die Suche nach möglichst vielen Anlässen, bei denen die Lernenden „handeln“ können. „Handlungsorientierung“ gerät dann nur allzu leicht zu einem Aktionismus, bei dem das Hantieren zum Selbstzweck geworden ist. Schließlich ist noch zu bedenken, dass nicht selten über all dem „ganzheitlichen“ und „handlungsorientierten“ Eifer das Thema selbst undeutlich wird oder ganz verschwindet. „Ganzheitlichkeit“ und „Handlungsorientierung“ werden dann zum Selbstzweck und man fragt sich, ob am Ende der Unterhaltungswert des Unterrichts zum bestimmenden Kriterium geworden ist. Kurz: Der üblich gewordene unscharfe Gebrauch des Begriffs „Ganzheitlichkeit“ verleitet dazu, die didaktische Reflexion auszublenden. Dies verstärkt sich noch durch einen Gesichtspunkt, den Ludwig Duncker benennt: Der Begriff verführt zu arrogantem Phlegma, „da er Unfehlbarkeit signalisiert: Man hat ja die Sache vollständig, sprich ‚ganzheitlich‘, im Griff.“ (Duncker, 1996b, 57)

„Lernen mit Hand, Herz – aber ohne Kopf?“ – das war die Ausgangsfrage. Es scheint, als hätte sie sich in Teilen der schulischen Praxis schon bestätigt. Welche Anstöße hält nun die Montessori-Pädagogik zur Klärung der diffusen Begriffe „Ganzheitlichkeit“ und „Handlungsorientierung“ bereit?

8.2 Kritische Anfragen an die Montessori-Pädagogik

8.2.1 Der Streit um Montessoris „Intellektualismus"

Bevor die Bedeutung von „Ganzheitlichkeit“ und „Handlungsorientierung“ im Denken Montessoris untersucht werden kann, müssen wir uns mit dem Vorwurf auseinander setzen, dass ihre Theorie und Praxis sich zu stark an kognitiven Lernprozessen ausrichte. Schon vor 40 Jahren hat Schulz-Benesch diesen Disput aufgearbeitet. (Schulz-Benesch 1962, 53ff) Ich fasse kurz zusammen und versuche, die Diskussion etwas weiter zu führen. Ganz allgemein ist anzumerken, dass im Blick auf Montessori – wie vielleicht bei keiner anderen Autorin – viele Missverständnisse und verkürzte Darstellungen ihrer Ansichten in Umlauf sind. Allerdings werden diese auch deutlich begünstigt durch Montessoris oft aphoristische Rede und ihre emphatische Sprache. Dazu kommt, dass ja tatsächlich gerade in der Montessori-Rezeption lange Zeit hindurch die Theorie und Praxis des Lernens stark im Vordergrund standen. Erst in letzter Zeit kommen Themen wie „Kosmische Erziehung“ oder Stille wieder stärker in den Blick.

Der Intellektualismus-Vorwurf bei Montessori bezieht sich u. a. auf zwei zentrale Punkte. *Einmal* geht es um ihre Äußerungen über das kindliche Spiel und die Bedeutung der Phantasie für die Entwicklung der Person. Hier lassen sich in der Tat einige sehr einseitige und überzogene Sichtweisen erkennen. Die Äußerungen sind aber im Kontext ihrer Gesamtkonzeption zu verstehen. Sie schreibt, Spiel und Phantasie seien etwas, zu dem Kinder greifen, wenn sie nichts zu tun hätten, was ihnen wichtiger sei. (15, 127) Dieses „Wichtigere“ ist die Entwicklung des Geistes, der Aufbau der Persönlichkeit – Tätigkeiten, die die Kinder mit aller Kraft und Energie ausüben. Das Feld dieser Entwicklung ist nach Montessori jedoch die *Wirklichkeit.* Immer wieder betont sie, dass die Entwicklung der Intelligenz und Entfaltung des schöpferischen Denkens nicht gelingen können, wenn sie sich nicht auf eine intensive, genaue und geordnete Wahrnehmung der Realität stützen. (Z. B. in 2, 223ff, v. a. 246f) Dazu gibt es eine interessante Beobachtung: Wiederholt berichtet Montessori, dass Kinder das reale Tun in der ihnen gemäßen Umgebung des Kinderhauses dem Spiel mit Puppen bei weitem vorzögen: (Z. B. 15; 127; 18, 22; 3, 150ff)

> *„In Europa und Amerika, wo die stetige Dynamik der Zivilisation die Menschheit immer mehr von der Natur entfremdet hat, bietet die Gesellschaft dem Kind, um seinem Bedürfnis nach Tätigkeit zu entsprechen, eine Unzahl von Spielzeugen, anstatt ihm die Mittel zur Verfügung zu stellen, die seine Intelligenz anregen (…) Nachdem wir dem Kind reale Dinge gegeben hatten, erwarteten wir, dass das Kind Freude und den lebendigen Wunsch äußern würde, sie zu benutzen – aber es geschah viel mehr: Das Kind legte eine* völlig andere Personalität *an den Tag (…) Es war plötzlich zu einem Menschen geworden, der die Unabhängigkeit suchte (…) Das ist das Licht, welches der Beginn des bewussten Lebens des Individuums offenbart.*" (3, 150–152)

Realitätsbezogenes Lernen und Tun ist also die Basis für den Aufbau der Person, weil hier das Kind als tätiges Subjekt in seiner Lebenswelt ernst genommen wird und die Chance hat, seine Bedürfnisse einzulösen. Gleichzeitig will Montessori mit diesem Realitätsbezug einen Beitrag zur Überwindung der „Entwirklichung des Kinderlebens" geben. (Vgl. Schulz-Benesch, 1962, 63)

Dies sind also die Gründe für Montessoris kritische Sicht aller Ansätze, die mit „wirklichkeitsfernem" Spiel und „realitätsfremder" Phantasie das Kind daran hindern, in seiner Welt zu wachsen. Diese Sichtweise führt aber keineswegs zu einer Verengung aller Lernprozesse auf rationales Erkennen: Selbstverständlich schließt die Montessori-Pädagogik viele spielerische, kreative und ästhetische Elemente ein, wie noch zu zeigen sein wird.

Der *zweite Vorwurf* gegen die Montessori-Pädagogik verbindet sich mit dem Stichwort „Verstandesschulung“: Ihr wurde vorgehalten, dass sich gerade auch die „Sinnesübungen“ nicht auf die Sensibilisierung und Schulung der sinnlichen Wahrnehmung, sondern auf die Kategorien- und Begriffsbildung beziehen. Diese Funktionsbestimmung trifft zu, wie jeder Montessori-Pädagoge weiß. Aber sie reicht nicht aus! Es ist zu klären, was bei ihr der Begriff des Intellekts bzw. der Intelligenz bedeutet. In „Schule des Kindes“ erläutert sie:

> „*Was ist die Intelligenz? Ohne auf die Definitionen der Philosophen zurückzugreifen, können wir einstweilen das Gesamt der überlegenden, verbindenden oder wiederhervorbringenden Aktivitäten in Betracht ziehen, die es dem Geist erlauben, sich aufzubauen, indem er sich in Beziehung mit der Umgebung setzt.*“ (2, 187)

Diesen Gedankengang führt sie weiter:

> „*Nach Bain ist die Kenntnis des Unterschiedes der Anfang jeder intellektuellen Übung; der erste Schritt des Verstandes ist die ‚Unterscheidung‘. Die ‚Grundlagen‘ der erkennenden Funktionen der Außenwelt gegenüber sind die „Sinnesempfindungen.“ Die Tatsachen sammeln und sie voneinander unterscheiden, das ist der Beginn des geistigen Aufbaus (…) ‚Zu unterscheiden wissen‘, das ist das Merkmal der Intelligenz: Unterscheiden bedeutet ordnen, und im Leben bedeutet es auch die Vorbereitung der ‚Schöpfung‘.*“ (2, 187; 191)

In anderem Zusammenhang notiert sie: „Dies ist ein wesentlicher Erziehungsgrundsatz: Einzelheiten lehren, bedeutet Verwirrung stiften. Die Beziehung unter den Dingen herstellen, bedeutet Erkenntnisse vermitteln.“ (13, 90)

Diese Tätigkeiten des Ordnens, des Erkennens von Beziehungen und Strukturen sind nichts anderes als die Arbeit des Geistes an der Erkenntnis der Welt: Kinder, die Erkenntniswege und Erschließungsmethoden erlernt haben, verfügen – sagt Montessori – über einen „Schlüssel zur Welt“ (z. B. 1, 101f; 186; 3, 163). Dieser immer wieder verwendete Begriff zielt ins Zentrum des Konzepts von Maria Montessori, indem er sowohl die Ausrichtung des Erkennens (Erlernen von Erkenntniswegen) als auch dessen Zielrichtung (Orientierungs- und Handlungsfähigkeit) anspricht.

Zurück zur Ausgangsfrage: Die Begriffe „Intelligenz“ bzw. „intellektuell“ zielen also bei Montessori nicht auf ein bloß rationales, kognitives Erfassen von Inhalten, sondern beziehen sich auf zentrale Aspekte des Aufbaus der Person. Mit dieser Klärung dürfte der Vorwurf des „Intellektualismus“ – verstanden als schierer Rationalismus – gegenstandslos werden.

8.2.2 Ganzheitlichkeit und Handlungsorientierung bei Montessori

Es scheint sehr lohnend, einmal Montessoris Konzept daraufhin zu studieren, welche Elemente des heutigen Begriffs von Ganzheitlichkeit und Handlungsorientierung bei ihr zu finden sind.

a. Lernen mit allen Sinnen in der Montessori-Pädagogik: *„Von der Hand in der Kopf“*

Anknüpfend an die Forschungen und Experimente von Itard und Séguin hat Maria Montessori den Lernvorgang vor allem von der Sinneserfahrung her angelegt. Das betrifft insbesondere die *Phase von 0–6 Jahren.* Die Sinneserfahrung bildet die Grundlage für die Bildung von Ordnungsstrukturen und Erkenntnissen. Vor diesem Hintergrund ist die Arbeit mit den „Sinnesmaterialien“ zu verstehen. Ziel dieser Arbeit ist in erster Linie die ordnende Verarbeitung von Sinneseindrücken, die in den ersten drei Jahren mit Hilfe des „absorbierenden Geistes“ gewonnen und als „chaotisches“ Gemenge von unzähligen Eindrücken gespeichert wurden. Gerade in diesem Zusammenhang betont Montessori, komme es darauf an, Kindern einen „Schlüssel zur Welt“ an die Hand zu geben. Es treten aber noch andere Ziele hinzu: Förderung der Sensitivität für die jeweils angesprochenen Sinne, Anleitung zum genauen und anhaltenden Beobachten oder Sprachschulung.

In der *zweiten Phase ab 6 Jahren* kommt dann stärker die Sensibilität der Kinder für Abstraktionen zum Zug. Montessori erkennt, dass sie in der zweiten Entwicklungsstufe „eine neue Welt betreten, die Welt der Abstraktion“. (1, 197) An die Stelle der konkreten Materialien tritt immer deutlicher die Vorstellungskraft. Die Lernangebote sind deshalb präzise darauf abgestimmt, diesen Prozess zu stimulieren und voranzubringen. Auf den ersten Blick scheint sich die Montessori-Pädagogik hier in die gleiche Richtung zu entwickeln wie die gewohnte Lerntypologie in den weiterführenden Schulen: Es kommt dort zu einer starken Entsinnlichung der Schule und des Lernens, blutleere Abstraktion verdrängt immer mehr Konkretion, sinnliche Wahrnehmung und Handlungsbezug. An manchen Montessori-Schulen sind ähnliche Trends deutlich spürbar – sie unterscheiden sich im Blick auf die ständig ansteigende Entsinnlichung des Lernens kaum von den Regelschulen – jedenfalls im Sekundarbereich.

Eine solche Tendenz kann sich allerdings nicht auf Denken und Praxis Montessoris berufen! Zwar betont sie die zunehmende Fähigkeit zur Abstraktion in der Entwicklung der Heranwachsenden – aber diese Beobachtungen beziehen sich auf das kognitive Lernen! Es ist nicht zu übersehen, dass bei Montessori noch ganz andere Aspekte des Lernens hinzukommen – wie im nächsten Abschnitt zu besprechen ist.

Die Welt meditieren

Unter dieser Formulierung lässt sich vielleicht am klarsten bestimmen, welche Funktion die Arbeit an sachkundlichen Themen hat, die in der zweiten Phase deutlich hervortritt. Auch hier geht es um die genaue und intensive sinnliche Wahrnehmung und deren Verarbeitung. Diese hat jedoch eine spezifische Qualität:

> *„Das Kind begnügt sich nicht mehr damit, die Tatsachen zu sammeln. Es sucht nach ihren Ursachen. Man muss diesen seelischen Zustand nutzen, der es ermöglicht, die Dinge in ihrer Ganzheit ins Auge zu fassen und festzustellen, dass alles im Universum miteinander verbunden ist.“* (13, 46)

Es geht um die „Schaukraft der Liebe“, d. h. das aufmerksame, bewusste, „andächtige“ Wahrnehmen der Welt und um die Fähigkeit, im Detail das Ganze, im Ganzen das Detail zu meditieren. Dies ist vor allem Bestandteil der kosmischen Erziehung, die ja darauf zielt, dass der Mensch seine Stellung und Verantwortung im Kosmos erkennt und anerkennt. Das „ganzheitliche“ Lernen mit allen Sinnen hat also eine zentrale Bedeutung in der Montessori-Pädagogik. Es orientiert sich an klaren Funktionsbestimmungen:

- Zielperspektive für sinnliches Wahrnehmen, Ordnen und Erkennen ist der Aufbau der Person.
- Zielperspektive der Auseinandersetzung mit sinnlichen Erfahrungen ist die Entwicklung einer aufmerksamen, bewussten, verantwortungsvollen Einstellung zur Welt.

b. Handlungsorientiertes Lernen in der Montessori-Pädagogik

Auch die Handlungsorientierung spielt bei Maria Montessori eine wichtige Rolle. Im Bereich des Kinderhauses – bis hinein in den Primarschulbereich – geht das gesamte materialbezogene Lernen überwiegend vom Handeln aus: „Vom Greifen zum Begreifen“. Einen besonderen Schwerpunkt bilden die *„Übungen des täglichen Lebens“*. Sie sind ganz auf das praktische Tun ausgerichtet. Es geht um die Pflege der eigen Person (Waschen, Anziehen etc.), um den sicheren Umgang mit anderen (Begrüßen, Bewirten etc.), um die Pflege der Umgebung (Tischdecken, Blumen pflegen etc.). In diesem Zusammenhang sind auch die *Übungen der Stille* zu erwähnen, in denen die Kinder lernen, die Körperfunktionen genau zu beherrschen und zur Ruhe zu kommen. Auch diese Übungen sind sorgfältig auf klare Funktionsbestimmungen bezogen: Es geht *erstens* um die wachsende Fähigkeit, sich unabhängig von Erwachsenen in der eigenen Lebenswelt sicher zu orientieren. Damit reifen Selbstbestimmung und Freiheit. Die Übungen zielen *zweitens* darauf ab, die Bewegungsabläufe immer genauer nach eigenen Bedürfnissen und den Erfordernissen der jeweiligen Situation zu steuern („Koordination der Bewegung“). Und schließlich ist *drittens* der Horizont anzusprechen, in dem diese Übungen ihren Ort haben. Es geht letztlich um das globale Erziehungsziel der Montessori-Pädagogik: „Diese Anwendung ist die Leistung seines Bewusstseins, die Ausübung seiner Verantwortlichkeit.“ (1, 107)

Ein anderes Feld handlungsorientierenden Lernens in der Montessori-Pädagogik ist das *forschende Entdecken* der Umwelt. Immer wieder sucht Montessori die Möglichkeit, die Lernenden an das forschende Experimentieren heranzuführen. Ein interessantes Beispiel findet sich im Sprachmaterial: Im Zusammenhang des Erlernens der Wortarten werden in den „Auftragskästen“ zur Spracherziehung kleine Experimente angeboten. In der Altersstufe von sechs bis neun und auch noch in der Stufe von neun bis zwölf steht das Erkunden der Welt durch experimentelles, handlungsbezogenes Lernen im Vordergrund. Allerdings richtet sich das Interesse nicht zuerst auf die Anhäufung von Fakten, sondern auf die verstehende Erschließung: Die Schüler wollen die „Ursachen der Dinge“, die „Wirkzusammenhänge“ erkennen und damit auch ihre Fähigkeit entwickeln, die Welt gedanklich zu erfassen und zu durchdringen.

Handlungsorientierung bestimmt vor allem auch das Lernkonzept, das Maria Montessori für die Stufe der Zwölf- bis Achtzehnjährigen entworfen hat. Als Haupt-Sensibilitäten dieser Periode stellt sie heraus: Bedürfnis nach Schutz und Würde sowie den Wunsch, den eigenen Ort im gesellschaftlichen und natürlichen Zusammenhang zu erkennen und einzunehmen.

Maria Montessori hat diese „Sensibilitäten“ in ein visionäres erzieherisches Konzept ausgemünzt, den „*Erdkinderplan*“. (13, 91–121) Ihr stand ein Internat in ländlicher Umgebung vor Augen, verbunden mit einem Bauernhof, einem Laden und einem Gasthof. Diese Einrichtungen sollten die Jugendlichen – unter Anleitung und Unterstützung durch Erwachsene – selbst bewirtschaften. Die Erfahrungen, die die Heranwachsenden hierbei machen würden, sollten in umfassenden begleitenden Studien aufgearbeitet werden. Ziele dieser „Erfahrungsschule des sozialen Lebens“ (13, 99) waren die Unterstützung der Jugendlichen bei der Selbstfindung und Anleitung zur Übernahme sozialer Verantwortung. Diese Vision ist eine Utopie geblieben – der „Erdkinderplan“ wurde bis heute nirgends realisiert.

Welche Kriterien ergeben sich aus den bisherigen Überlegungen zu Ganzheitlichkeit und Handlungsorientierung aus Sicht der Montessori-Pädagogik für heute stimmige Konzepte?

8.3 „Ganzheitlichkeit" und „Handlungsorientierung" – neu reflektiert

8.3.1 Lernen mit Kopf, Herz, Hand – und Bauch didaktisch begründet

Ein besonderes Kennzeichen der Montessori-Pädagogik ist, dass sie alle methodischen Entscheidungen immer klar im Rahmen eines Gesamtkonzepts begründet. So ist auch Ganzheitlichkeit nie Selbstzweck oder Gemenge aus allen möglichen Methoden („Cocktail-Ganzheitlichkeit"), sondern immer auf anthropologisch-pädagogische Vorentscheidungen zurückgeführt und die Wahl des jeweiligen Wegs ergibt sich aus der Lernsituation. Dabei legt Montessori großen Wert darauf, dass es nicht zu einer verwirrenden Vermengung kommt. Ein bekanntes Beispiel ist die „Isolierung der Schwierigkeit" etwa bei der Arbeit mit den Sinnesmaterialien. Das bedeutet Konzentration auf den für einen jetzt angestrebten Lernprozess plausiblen Lernweg. Es ist unerlässlich, sich in der didaktischen Situation zu vergewissern, was stimmig und notwendig ist[1]. Aber wie ist das zu unterscheiden? Ich differenziere in vier Aspekte.

a. Multisensorisches Lernen

An erster ist Stelle das mehrkanalige oder multisensorische Lernen zu nennen, das Studium der Welt und des Lebens in kognitiver, sensomotorischer und affektiv/emotionaler Dimension – populär ausgedrückt: das Lernen mit Kopf, Hand und Herz. Zwar geht Montessori davon aus, dass Kinder mit zunehmender Entfaltung der Intelligenz immer unabhängiger von der konkreten Anschauung und dem Hantieren mit Gegenständen werden und damit stärker kognitiv arbeiten, aber dafür treten Medi-

---

[1] Vgl. zu diesem Aspekt auch Lenk, 1991.

tation und handelndes Erforschen der Welt (emotionale und handlungsbezogene Dimension) deutlicher in den Vordergrund. Die einzelnen Lerndimensionen sind also nicht nur didaktisch begründet, sondern auch miteinander verknüpft.

In dem für die Thematik sehr anregenden Buch von Helga Zitzlsperger (1995) findet sich nun noch ein vierter Aspekt: das „Bauchlernen". Dieser Begriff soll auf eine lustbetonte, auch körperliche Dimension verweisen. Auch dieser Aspekt, die Lust am Lernen, am Denken, an der Bewegung, am Wachsen, zeigt sich in der Montessori-Pädagogik, allerdings in einer spezifischen Sicht. Immer wieder berichtet Montessori, dass Kinder, die ihr Selbstkonzept entwickelt haben, wenig an flüchtiger Unterhaltung interessiert sind, aber immer wieder das tiefe Vergnügen am eigenen Können, am unabhängigen Verstehen, am selbst verantworteten Aufbau der Person zeigen. In diesem Verständnis ist das „Bauchlernen" ein wichtiger Aspekt multisensorischen Lernens. Der Blick auf das Denken Maria Montessoris kann anregen, nach einer weiter gefassten Sicht von „Spaß" zu fragen.

Interessant ist auch, wie Montessori die Lernwege verknüpft: Eben nicht in unbedachter Beliebigkeit, sondern sorgfältig didaktisch reflektiert – dieser für das heutige Verständnis wichtige Grundsatz wird sich auch durch die folgenden Erwägungen ziehen.

b. Wahl des Lernwegs – am Schüler orientiert

Fragen wir auch hier zunächst einmal bei der Montessori-Pädagogik an, so kommen drei Gesichtspunkte in den Blick:

- Lernpsychologische Erkenntnisse beeinflussen die Konstruktion der Lern-Materialien. Dies lässt sich besonders gut an der Rezeption der Ansätze von Itard und Séguin beobachten: Der sensomotorische Ansatz (der Lernweg „von der Hand in den Kopf"), der nach den Forschungen der französischen Ärzte Lernbehinderten adäquat ist, bewährt sich auch bei „Nichtbehinderten", insbesondere jüngeren Kindern. Entsprechend konstruierte Montessori die Materialien für diese Entwicklungsstufe.
- Entwicklungspsychologische Erkenntnisse beeinflussen die Wahl der Lerngegenstände und die Konstruktion der Materialien.

- Entwicklungspsychologische Erkenntnisse beeinflussen die Wahl des Lernorts und die Ausrichtung der Lernprozesse; der „Erdkinderplan“ ist hierfür ein eindrückliches Beispiel.

Diese Hinweise könnten die Vermutung nähren, dass die Lernenden in ein starres Schema vorgegebener psychologisch abgeleiteter Wege gepresst werden. Das Gegenteil ist der Fall: Grundlegend bleibt die Aussage, dass die Kinder und Jugendlichen selbst – geleitet von ihrem „inneren Bauplan“ – bestimmen, was sie lernen. Die Lehrenden haben die Aufgabe, die hierfür nötigen Lerngegenstände bereitzustellen und stimmige Lernanlässe anzubieten und dabei auch lern- und entwicklungspsychologische Erkenntnisse zu berücksichtigen. Was kann die gegenwärtige „Ganzheitlichkeits“-Didaktik hiervon aufgreifen? *Erstens* soll die Wahl der Lernwege sorgfältig an entwicklungspsychologischen Erkenntnissen Maß nehmen; *zweitens* sollen den Heranwachsende unterschiedliche Zugangangsweisen angeboten werden, unter denen sie entsprechend ihren inneren Lernbedürfnissen auswählen können.

c. Wahl des Lernwegs – am Gegenstand orientiert

Ein besonders wichtiges Element in der Montessori-Pädagogik ist – wie bereits erwähnt – die Aufgabe, Kindern einen „Schlüssel zur Welt“ zur Verfügung zu stellen. Gemeint ist, ihnen die Kenntnis und Handhabung von Erkenntnisweisen, Lernwegen und Strukturen zu vermitteln, die die *selbständige* Erschließung der Welt ermöglichen.

d. Wahl des Lernwegs – an der Lernsituation orientiert

Die Wahl der angebotenen Lernwege wird auch berücksichtigen, welche Arbeitsweisen in der jeweiligen Lerngruppe vielleicht überrepräsentiert sind und entsprechende Äquivalente bereitstellen: Wurde beispielsweise lange einseitig kognitiv gearbeitet, wird man nach Möglichkeiten suchen, stärker affektiv/emotional vorzugehen. Lernen sollte also immer ein Lernen mit allen Sinnen sein – aber stets auf klare didaktische Zielsetzungen bezogen. Fällt eine der beiden Komponenten aus, kommt es zu Mangelerscheinungen.

Bei einseitig kognitivem Lernen könnte der Satz von Elisabeth Moltmann-Wendel gelten: „Was sinnenlos ist, wird auch bald sinnlos werden“. Aber der Satz ist auch umkehrbar: „Was sinnlos ist, wird auch bald sinnenlos werden.“ Bei fehlender didaktischer Prägnanz geraten „ganzheitliches“ und „handlungsorientiertes“ Lernen zur Beliebigkeit und zum Aktionismus, drehen sich im Leerlauf und ein anspruchsvolles Lernen mit allen Sinnen ist nicht mehr möglich.

Exkurs: Haben Kinder keine Lust, mit Texten zu arbeiten?

In diesem Zusammenhang ist die immer wieder vorgebrachte Behauptung zu besprechen, Kinder ließen sich kaum oder nur schwer motivieren, mit Texten zu arbeiten; diese sollten daher zugunsten „ganzheitlicher“ Verfahren zurücktreten.

Hier ist zunächst einmal die undifferenzierte Begrifflichkeit anzusprechen: Ein Sachinformations-Text, womöglich zu einem nicht besonders anziehenden Thema, ist etwas anderes als beispielsweise

- eine gut aufbereitete Erklärung zu einem interessanten Thema;
- eine Erzählung, die zur Identifikation einlädt;
- ein Gedicht, das Eindrücke und Erfahrungen sammelt und gestaltet.

Insgesamt kann man davon ausgehen, dass Texte gern aufgenommen werden, wenn sie interessant sind, wichtige Fragen behandeln, Gewinn versprechen. Dann kann sich auch eine Lust am Text einstellen. Jeder kann diese Beobachtungen aus eigener Wahrnehmung bestätigen. In diesem Zusammenhang ist eine interessante Abhandlung von Ludwig Duncker anzuzeigen (Duncker, 1996b). Er weist zunächst darauf hin, „dass zumindest Teile der gegenwärtigen Bemühungen um eine Schulreform eine verborgene Opposition gegen die Tradition schriftkulturellen Lernens bilden“. (Ebd., 66) Demgegenüber betont er die unverzichtbare Leistung der Schriftkultur im Lernprozess. Er zeigt, dass kulturgeschichtlich ja gerade die Verschriftlichung von Erfahrungen „das Denken aus der zyklischen Geschlossenheit und seiner mythischen Verwurzelung befreit“. (Ebd., 77) Damit wird Erfahrung vom unmittelbaren Eindruck unabhängig, kann bearbeitet und gestaltet werden. Natürlich ist damit nicht einem monokulturellen Buch-Unterricht das Wort geredet, aber für ein auf Selbstfindung und Selbstbestimmung ausgerichtetes Lernen ist der Umgang mit Texten unverzichtbar.

Zusammenfassend halte ich fest: „Lernen mit allen Sinnen" darf nicht dazu verleiten, Kindern die Lust am Denken und die Lust am Lesen zu verstellen! Eine denkscheue, auf das Hantieren und Aktivieren von Eindrücken und Gefühlen begrenzte „Ganzheitlichkeit" enthält Kindern die notwendigen Erkenntnisse („Schlüssel zur Welt") und Entwicklungsschritte vor und verfehlt auch den Stand der erziehungswissenschaftlichen Forschung.

8.3.2 Die Lernenden werden als Subjekte ihrer Arbeit ernst genommen

Eine mit dem unreflektierten Umgang mit „Ganzheitlichkeit" verbundene Versuchung hatte ich eingangs genannt: Kindern eine angenehme „Verpackung" schwieriger Inhalte anzubieten, das Lernen appetitlich zu machen und sie zu unterhalten. Aber gerade vor dem Hintergrund der Montessori-Pädagogik zeigt sich klar, dass solche Versuche die Kinder nicht ernstnehmen, weil sie unterstellen, dass sie nicht denken und ernsthaft lernen wollen oder können. Demgegenüber ist zu unterstreichen, dass Kinder dann mit hohem Interesse an Sachen arbeiten, wenn sie erfahren, dass sie damit auch an sich selbst arbeiten. Dies kann besonders gut im Konzept des Freien Lernens eingelöst werden.

In diesem Zusammenhang ist noch einmal an das Insistieren Montessoris auf einem deutlichen Realitätsbezug und Lebenszusammenhang von Lernen zu erinnern. Kinder wollen ganz offensichtlich ernsthaft arbeiten. Das handelnde Lernen ist nach Montessori weder Selbstzweck noch Wahl einer abwechslungsreichen Methode, sondern zwei Zielen zuzuordnen: dem Selbstaufbau der Person und dem Erkennen des eigenen Ortes in der kosmischen Ordnung. Vor diesem Hintergrund bekommt das ganzheitlich-handlungsorientierte Tun einen hohen Grad an Verbindlichkeit, der vieles, was heute unter dieser Bezeichnung angeboten wird, ausgesprochen dürftig aussehen lässt.

8.4 Resümee – Vom „Know-how" zum „Know-why"

Ich wollte ein Plädoyer für ein klar umrissenes, in seinen Funktionen deutlich bestimmtes Verständnis von „Ganzheitlichkeit“ formulieren. Das kann diese kleine Studie im einzelnen nicht leisten, aber sie möchte die kritische Diskussion zur Frage der „Ganzheitlichkeit“ anstoßen und aus der Montessori-Pädagogik einige Hinweise zu dieser Diskussion beisteuern. Als zentralen Aspekt möchte ich herausheben: Allem methodischen Einfallsreichtum (know how) sollte die Reflexion über das „didaktisch Notwendige“ (know why) vorangehen.

Es versteht sich von selbst, dass solche anspruchsvollen Zielperspektiven nicht in jeder einzelnen Phase von Lernprozessen erkennbar einzulösen sind. Aber sie könnten einen Rahmen bieten, innerhalb dessen methodische Entscheidungen zu reflektieren sind.

9 „Macht die Kinder stark"

Der Beitrag der Montessori-Pädagogik zur Friedenserziehung

9.1 Friedenserziehung – wenig gefragt?

Etwa eine Million Bücher umfasst das deutsche Buchhändler-Verzeichnis. Unter den Stichworten „Friedenserziehung“ oder „Friedenspädagogik“ fand sich gerade ein gutes Dutzend. Davon ist das meiste mindestens zehn Jahre alt und auch eher in „Nischenverlagen“ angesiedelt. Friedenserziehung ist augenscheinlich wenig gefragt. Auch aus dem öffentlichen Leben ist das Friedensthema weitgehend verschwunden.

Ganz anders stellte sich das Bild in den siebziger und achtziger Jahren dar: Friedenserziehung war ein zentrales Thema in der Publizistik, aber auch in der pädagogischen Aus- und Fortbildung; und die Friedensmärsche und Demonstrationen gehörten zum gewohnten Erscheinungsbild der Öffentlichkeit.

Die Ursachen dieser Entwicklung sind nicht schwer auszumachen.

9.1.1 Rückgang der akuten Bedrohung

Vor allem unter der furchterregenden Erfahrung der atomaren Hochrüstung der beiden „Supermächte“ USA und UdSSR nach dem 2. Weltkrieg wuchs die Sehnsucht nach Frieden immer stärker. Friedenspolitik verstand sich in diesen Jahrzehnten in erster Linie als Abschreckungspolitik, und auch Versuche, das Wettrüsten zu begrenzen, beispielsweise in den sogenannten START-Abkommen, basierten immer noch auf der Fähigkeit des Overkill.

Die Spannung beförderte intensive friedenspädagogische Anstrengungen. Theoretische Konzepte wurden entwickelt, methodische Strategien erarbeitet, Arbeitshilfen geschrieben, Lehrer in vielen Fortbildungen auf die friedenspädagogische Aufgabe vorbereitet.

Als Schwerpunkte zeigten sich:

Unterricht über Krieg und Frieden: Welche Ursachen des Krieges lassen sich ausmachen? Welche Folgen zeigen sich? Welche Konzepte zur Herstellung und Sicherung des Friedens wurden in der Geschichte entworfen?

Ein zweiter Themenkomplex lässt sich mit den Stichworten „Gewalt und Gewaltverzicht“ umreißen: Ist Aggression genetisch bedingt oder erlernt? Welche Verfahren des Umgangs mit Aggressionen sind wirksam? Hier kommen auch Elemente des sozialen Lernens zum Zug, teilweise in der Form des „social training“.

Nach der Entschärfung der globalen Bedrohung durch die politische Entwicklung in Ost- und Mitteleuropa ging das öffentliche Engagement für Friedenspolitik und Friedenserziehung stark zurück. Offensichtlich war dieses Interesse ganz einseitig durch die Angst vor der atomaren Vernichtung hervorgebracht worden – und schien jetzt leer zu laufen.

Diese Beobachtungen lenken die Aufmerksamkeit auf ein Problem, das noch weitere Implikationen bei sich hat.

Auch die Erfahrung der Veränderbarkeit schlechter Wirklichkeit ist fast erloschen. Sicher war vor 15, 20 Jahren die Gefahr gegeben, dass die Hoffnung auf gesellschaftlichen Wandel in unreflektierte Fortschrittsgläubigkeit umschlug; aber diese notwendige Ernüchterung ist längst in tiefe Resignation übergegangen. Der letztlich erfolglose Protest der Friedensbewegung gegen die Pershings hat bei vielen Frustration und Lähmung bewirkt.

9.1.2 Schwinden der pädagogischen Zukunftsperspektive

Wir leben in einer Zeit, in der die Utopien zerfallen. Diese Einsicht ist längst zum Allgemeinplatz geworden. Dass sich hier ein fundamentales Problem von Erziehung überhaupt meldet, wird erst in den letzten Jahren in der Erziehungswissenschaft diskutiert. (Z. B. Fauser, 1993) Auch der Pädagogik sind die großen utopischen Entwürfe aus der Hand genommen worden, aber ohne den Blick nach vorn führt sich Erziehung ad absurdum, denn sie ist prinzipiell zukunftsoffen. Konsens besteht darüber, dass Erziehung nicht einfach aneignende Sicherung des Bestehenden ist, Lernen übersteigt sich selbst, indem das Vorhandene durch Erneuerung fortgebildet wird. Subjekte dieser Erneuerung sind die Lernenden: „Im Lernen überschreiten die Jüngeren ihren eigenen Entwicklungsstand ebenso wie den der Gesellschaft". (Ebd., 115) Peter Fauser hat vorgeschlagen, einen so vorgestellten Lernprozess als „generative (d. h. schöpferische, konstruktive) Praxis" zu bezeichnen. Wenn aber Zukunft auch im Feld der Erziehung undeutlich wird, in Skepsis verschwimmt, wird die Friedenserziehung vom Verlust der Utopie doppelt getroffen.

Zweifellos werden diese Entwicklungen noch verstärkt durch die seit Jahren sichtbare Tendenz zur Entpolitisierung des gesellschaftlichen Lebens. An die Stelle kritischen, bewussten Mit-Denkens und Mit-Gestaltens ist weithin die unverbindliche, dumpfige Spaßigkeit getreten – keine guten Bedingungen für Friedensarbeit.

9.1.3 Friedenspädagogik nach Beginn des „Kriegs gegen den Terror"

Der ungeheuere Terroranschlag vom 11. September 2001 hat die Situation grundlegend verändert. Niemand zweifelt daran, dass mit einem Schlag die universale Bedrohung wieder virulent ist. Es ist die Frage, ob man mit militärischen Aktivitäten und sicherheitstechnischen Maßnahmen das Übel des Terrorismus zurückdrängen kann; sicher ist, dass man so an seine Wurzeln nicht heran kommt. Offensichtlich sind es Faktoren wie politische und soziale Unterdrückung, Verachtung und Ausgrenzung, die die Bereitschaft zum unbegrenzten Terror anstacheln, verschärft durch geschürten religiösen Fanatismus. Eine langfristig angelegte Friedenspolitik wird eine Politik des gerechten Ausgleichs sein.

Wie kann Friedenserziehung auf die veränderte Situation eingehen? Zwei scheinbar nahe liegende Wege führen gewiss in Sackgassen: Erstens resigniertes Schweigen und zweitens moralisierende Verurteilung. Ausgangspunkt muss die realistische Einsicht sein, dass die Ursachen wie Benachteiligung, Deklassierung und Ausgrenzung auch in unserer Gesellschaft wirksam sind – das verstärkte Misstrauen und die Feindseligkeit gegenüber „verdächtigen“ Ausländern belegen dies deutlich. Nötiger als je ist eine besonnene, sorgfältig reflektierte Friedenserziehung, die da einsetzt, wo sie auf Veränderungen zum Guten hoffen darf.

Ich möchte nicht die „klassischen“ Theorien von Krieg und Frieden referieren, die in der neuzeitlichen Geschichte entwickelt wurden. Klangvolle Namen wie Marsilius von Padua, Erasmus von Rotterdam, Immanuel Kant und viele andere wären zu nennen. Stattdessen möchte ich mich gleich den Gedanken Maria Montessoris zuwenden.

9.2 Montessoris Idee vom Frieden

9.2.1 Die Ursachen des Krieges – Montessoris kritische Analyse

Die Auseinandersetzung Montessoris mit der Problematik von Krieg und Frieden wurde durch die weltpolitische Lage, die umfassende Bedrohung vor allem durch den Faschismus stimuliert. Das belegen die in dem Band „Frieden und Erziehung“ (1973) zusammengestellten Vorträge: 1932 hielt sie den ersten Vortrag („Frieden und Erziehung“) vor dem internationalen Büro des Völkerbundes für Erziehung – in den dreißiger Jahren folgten Referate und Vortragsreihen. Den Abschluss bildete 1939 ein Vortrag in London „Erzieht für den Frieden“.

Ausgangspunkt ihrer Vorträge ist immer wieder die Ablehnung eines „negativen“ Friedensbegriffs. Ein Frieden, der lediglich als Aufhören des Krieges begriffen wird, trägt den Keim eines neuen Konflikts in sich: „Vor allem im Hinblick auf den erkennbaren Zweck eines Krieges bedeutet der so verstandene Frieden eher den endgültigen Triumph des Krieges.“ (11, 2)

Denn so lange es Sieger und Besiegte gibt, kommt die Welt nicht zur Ruhe. „Der wahre Friede bedeutet den Sieg der Gerechtigkeit und der Liebe unter den Menschen: bedeutet eine bessere Welt, in der Harmonie herrscht.“ (11, 4)

Bereits der Titel des ersten Vortrags, der auch dem ganzen Band übertragen wurde, spricht ihr Programm an: Frieden und Erziehung – beides ist untrennbar miteinander verbunden. Als Schauplatz von Krieg und Frieden erkennt Montessori das Verhältnis der Generationen. Immer wieder spricht sie vom „Kampf zwischen dem Erwachsenen und dem Kind" (11, 13). Sie ist überzeugt von der Existenz

> *„eines Krieges ohne Waffenstillstand, der das Kind bei seiner Geburt empfängt und es durch seine gesamte Entwicklung begleitet. Es ist der Konflikt zwischen Erwachsenem und Kind, zwischen Starkem und Schwachem (…) Der Erwachsene besiegt das Kind, und in dem zum Erwachsenen gewordenen Kind verbleiben für immer die Merkmale des berühmten Friedens nach dem Krieg, der einerseits Zerstören und andererseits schmerzliches Angleichen bedeutet."* (11, 13f)

Und: „Der Kampf zwischen Erwachsenem und Kind wickelt sich in der Familie und in der Schule in jener Form ab, die noch heute mit dem alten Wort ‚Erziehung' bezeichnet wird." (11, 16f)

Der Konflikt wird mit ungleichen Waffen ausgetragen, und das Ergebnis steht von vornherein fest: „Der fehlgeschlagene Mensch, der Schwache, schließlich der Sklave, das nicht entwickelte Wesen, sind stets das Ergebnis einer Erziehung, die ein blinder Kampf zwischen dem Starken und dem Schwachen ist". (11, 17)

Der Ausdruck „fehlgeschlagener Mensch" lässt Montessoris Beziehung zu diesen Menschen erkennen: Hier gibt es keine Verachtung, Diskriminierung oder Ausgrenzung, sondern mitfühlende Trauer und tätiges Mitleid. Montessori entfaltet die deprimierende Diagnose in vier Aspekte:

- „Das Kind, das nie gelernt hat, allein etwas zu tun, seine eigenen Handlungen zu lenken und seinen eigenen Willen zu beherrschen, erkennt man im Erwachsenen wieder, der sich lenken lässt und der Anlehnung an andere benötigt." (11, 18f) Auf diese Weise „öffnet sich der Weg zur Ergebenheit den Führern gegenüber." (11, 19)
- „Im Schulkind, das stets entmutigt und getadelt wird, entsteht der Zustand des Misstrauens in sich selbst und der Panik, die als Schüch-

ternheit bezeichnet wird. Diese finden wir beim Erwachsenen wieder in Form der Verzagtheit, der Nachgiebigkeit und der Unfähigkeit zu moralischem Widerstand." Die in der Kindheit begründete Entmutigung „flößt der Seele eine wahnsinnige und unvernünftige Angst vor der öffentlichen Meinung ein, auch wenn diese ungerecht und evident falsch ist". (11, 19)

- „Der Gehorsam, der dem Kind in der Familie und in der Schule aufgezwungen wird, ein Gehorsam, der Vernunft und Gerechtigkeit nicht gelten lässt, bereitet den Menschen darauf vor, sich der Schicksalhaftigkeit der Dinge zu unterwerfen." (11, 19)
- Eine Erziehung, die das Leistungsprinzip an die Spitze aller Grundsätze hebt, muss notwendig Kampfbereitschaft und Durchsetzungsfähigkeit als Kardinaltugenden erklären und nach Kräften fördern. Andere Fähigkeiten und Verhaltensweisen wie Liebe und Kooperation sind dabei nur hinderlich und werden unterdrückt. (Vgl. 11, 19f)

Auf den ersten Blick erscheinen die Folgen des „Krieges" zwischen Erwachsenen und Kindern widersprüchlich. Einerseits beobachtet Montessori schwache Personen, die „wie totes Laub umhergetrieben" (11, 20) und leicht beeinflusst und gelenkt werden können. Andererseits nimmt sie wahr, dass in den Kindern Aggressivität und Durchsetzungsbereitschaft ausgebildet werden. Dieser Widerspruch fällt aber in sich zusammen, wenn die tieferen Ursachen in den Blick gewonnen werden: Kinder, denen die Chance verwehrt wurde, ein eigener Mensch zu werden, die auf den Weg einer „fehlgeschlagenen" Personalität gezwungen wurden, sind damit, so Montessori, zu künftigen Kriegern konditioniert. Hier zeigt sich, dass Montessori auch diese Thematik aus der Mitte ihres Denkens heraus entwickelt: aus der Anthropologie. Damit sind die Weichen gestellt, um nun nach den Bedingungen und Möglichkeiten des Friedens zu fragen.

9.2.2 Das „neue Kind": Grundlage und Ausgangspunkt des Friedens

So wie der „fehlgeschlagene Mensch“ als Ursache des Krieges entlarvt ist, muss der gelungene Mensch als Grundlage und Ausgangspunkt des Friedens erscheinen. Für Montessori ist zuallererst das Kind der gelungene, der friedensfähige Mensch. Im Kontext ihres Friedenskonzepts fordert sie in recht hymnischem Überschwang: „Wir müssen uns zum Kinde wenden als zu einem Messias, zu einem Retter und Erneuerer des Volkes und der Gesellschaft.“ (11, 13) Dies ist folgendermaßen zu verstehen: „Unsere Hoffnung auf den zukünftigen Frieden liegt nicht in den Belehrungen, die der Erwachsene dem Kind erteilen kann, sondern in der normalen Entwicklung des neuen Menschen.“ (99)

Hier fallen die grundlegenden Stichworte: Es ist das das „neue Kind“, das Kind, das sein Selbstkonzept entwickelt hat, von dem die entscheidenden Impulse für den Frieden ausgehen. Wo also ein Kind mit seiner Person in Einklang ist, kommt es zum Frieden mit sich selbst. Oder anders gesagt: Das Kind erfährt im Selbstaufbau eine nachhaltige Förderung seines Lebens als Reifung, Vertiefung, Ausbreitung. Unter dieser Voraussetzung kommt der „fehlgeschlagene Mensch“, den Montessori als letzten Grund von Aggression und Kriegsbereitschaft ausgemacht hat, auf den Weg zur Personwerdung, wird zum „neuen Menschen“.

Montessori hebt vor allem die neu erwachende Sozialkompetenz hervor. Die „neuen Kinder“ stellen sich „auf alles leicht ein, in der Arbeit und im Kontakt mit den anderen. Sie haben ein soziales Gefühl wie eine Gabe. (5, 112f) Und – unmittelbar auf die Friedensthematik bezogen:

> *„Im Falle einer normalen Entwicklung kann man feststellen, wie das Gefühl der Liebe nicht nur gegenüber den Dingen, sondern auch gegenüber allen Lebewesen empfunden wird. Diese Liebe stammt nicht aus Unterweisung. Sie ist die natürliche Folge der richtigen Lebensform. Wir können behaupten, dass wir uns dort, wo sich die Liebe offenbart, in der Sphäre der Normalität befinden, wenn das Gegenteil eintritt, in der der Anormalität. Die Liebe ist nicht die Ursache, sondern die Wirkung der normalen Entwicklung des Individuums.“* (11, 98)

Man könnte sagen: Das Kind, das Unterstützung in der Entwicklung seines Selbstkonzeptes, im Prozess der „Normalisierung", eine Förderung des eigenen Lebens erfährt, wird – wie von selbst – fähig, das Leben anderer zu fördern. „Dem Leben helfen, das ist das erste fundamentale Prinzip", fasst Montessori zusammen. (10, 29) Der Philosoph Armando Rigobello hat diesen Zusammenhang so formuliert:

> *„Der Respekt und die Anerkennung für das eigene Personsein und für die Personwürde des anderen sind, in einer Perspektive der Unterschiedenheit und Andersheit, das einzige tragfähige Fundament für den Frieden."* (Zitiert nach Böhm, 1993, 31)

Übrigens wird hier eine hoch bedeutsame Vernetzung der Friedenserziehung mit der kosmischen Erziehung sichtbar. Denn auch dort ist ja der universale Zusammenhang allen Lebens im Dienst des Lebens die zentrale Idee. (Vgl. Fischer 1999; 2000a; vgl. auch Heitkämper 2000a, 99f, 113ff). Schließlich zeigt Montessori auf das Kind als Lehrmeister des Friedens:

> *„Wir werden (...), indem wir dem Menschen gemäß seinen inneren Entwicklungsstufen helfen, seinen eigenen natürlichen Gesetzen zu folgen, eine vollkommenere Gesellschaft verwirklichen (...) Das Kind, der freie Mensch, muss uns und die Gesellschaft die Ruhe, die Ordnung, die Disziplin und die Harmonie lehren. Wenn wir ihm helfen, entfaltet sich auch die Liebe, die wir so dringend benötigen, um die Menschen einen neben den anderen zu stellen, um ein glückliches Leben zu schaffen."* (11, 57; vgl. auch ebd., 134)

9.2.3 Ansätze der Friedenserziehung bei Montessori

Montessoris Ausführungen über das „neue Kind" erwecken gelegentlich – nicht zuletzt bedingt durch ihre oft emphatische Sprachform – den Eindruck, bei der Erneuerung handele es sich um einen einmaligen, punktuellen Vorgang, um eine plötzliche grundlegende Veränderung.

Dies wäre aber ein Missverständnis: „Die Personalität kann (...) nur durch selbständige Übung entwickelt werden." (3, 229)

Veränderung und Erneuerung können am Ende eines langen Weges der Selbstbildung des Kindes durch beständige Übung stehen, ein Weg, auf dem es auf die helfende Begleitung der Erwachsenen angewiesen ist, auf Angebote der Friedenserziehung also. Wie immer im Denken und in der Praxis Maria Montessoris bildet dafür die indirekte Erziehung die Basis. Ausgangspunkt ist ihr bekannter Satz: „Die Kinder in Ruhe lassen, sie nicht in ihrer Wahl und spontanen Aktivitäten hemmen – das ist alles, was man verlangt." (14, 43)

Die indirekte Erziehung besteht aber nicht nur in der Freigabe:

> *„Sobald sich das Kind in einer für es geschaffenen Umgebung zu entwickeln beginnt und es ihm gelingt, allein, unabhängig vom Erwachsenen zu handeln, entsteht sofort eine Harmonie nicht nur zwischen ihm und der Umgebung, sondern auch zwischen ihm und dem Erwachsenen."* (11, 95)

Die vorbereitete Umgebung ist die unabdingbare Voraussetzung dafür, dass das Kind durch freie Wahl am Aufbau einer friedensfähigen Person arbeiten kann. Daneben sind Angebote der direkten Friedenserziehung zu stellen, die im letzten Teil ausgeführt werden.

9.2.4 „Die dritte Dimension"

Wenn auch die Idee der Friedensordnung, die vom „neuen Kind" ausgeht, im Mittelpunkt von Montessoris Ideen zum Frieden steht, so ist doch klar,

> *„dass der Frieden auf der Welt durch zwei Dinge erreicht werden kann; vor allem durch den neuen, besseren Menschen und dann durch eine Umwelt, die dem unendlichen Sehnen des Menschen keine Schranken mehr setzt."* (11, 22)

In anderem Zusammenhang spricht sie von den „zwei Wegen" zum Frieden:

> „*Einer ist die unmittelbare Anstrengung, die Konflikte ohne Gewalt zu lösen. Der andere besteht in der Anstrengung auf lange Sicht, einen stabilen Frieden unter den Menschen aufzubauen. Konflikte zu vermeiden, ist Werk der Politik; den Frieden aufzubauen ist Werk der Erziehung.*" (11, 26)

Sie stellt also der Friedenserziehung den Aspekt der Friedenspolitik an die Seite. Sie beschreibt, dass der Mensch durch die Beherrschung der Natur die geographischen und technischen Begrenztheiten des menschlichen Lebens überwunden hat. Symbol dieser „dritten Dimension" ist die Fähigkeit des Fliegens. Montessori verlangt, dass die neuen Kräfte und Fähigkeiten nicht zur Zerstörung missbraucht, sondern in den Dienst einer erneuerten Welt grenzenloser Gerechtigkeit und Harmonie gestellt werden. In anderem Zusammenhang fokussiert sie diese Gedanken in der Idee der Nazione Unica. (11, 40ff) In einer ihrer letzten Schriften, die sie der Bekämpfung des Weltanalphabetismus widmete (22, 143ff), fordert sie das Recht auf Bildung als Grundlage von Frieden und Gerechtigkeit ein.

9.3 Montessoris Ideen zur Friedenserziehung im Dialog

9.3.1 Kritische Anfragen

Auseinandersetzungen mit Montessoris Friedenskonzept hat es immer gegeben. Ich greife zwei Äußerungen von Montessori-Pädagogen aus den letzten Jahren auf. (Böhm 1993; Fischer 1999) Zum einen geht es darum, ob das „Gutsein" des Kindes als Quelle des Friedens nicht unrealistisch überschätzt wird? (Vgl. Böhm, 33) In diesem Zusammenhang ist aber zu fragen, ob Montessori das „Gutsein" des Kindes wirklich als moralische Qualität versteht oder ob es ihr nicht vielmehr darum geht, dass vom Kind im Prozess der Selbstfindung („Normalisation") starke

Impulse zur Förderung des Lebens und der Kommunikation ausgehen, die den Frieden voranbringen? Ich denke, nicht das moralisch vollkommene Kind ist der „Lehrmeister des Friedens", sondern das „freie" Kind, das einfach durch sein Da-Sein „dem Leben hilft". Dieser Vorschlag zur Differenzierung beantwortet allerdings nicht die Frage nach den destruktiven, lebensfeindlichen Persönlichkeitsanteilen in jedem Menschen, die Montessori sicherlich unterschätzt, aber er könnte vielleicht neue Akzente in der Diskussion setzen.

Die zweite kritische Rückfrage bezieht sich auf das Primat der Erziehung im Friedenskonzept Montessoris. Hier ist sicher eine „Ergänzung" (Fischer) notwendig, die sich aus den neuen Erfahrungen und Konzepten der Friedenspädagogik ergibt. Mit dieser Bemerkung sind wir schon beim nächsten Punkt.

9.3.2 Montessori im Gespräch mit heutiger Friedenswissenschaft

Es versteht sich fast von selbst, dass sich zahlreiche Konvergenzen und auch Widersprüche zwischen Montessoris Konzept und heutiger Friedensforschung aufspüren lassen. Ich will dem weiten Feld fünf Aspekte entnehmen und darstellen.

a. Das Konzept der strukturellen Analyse

Als besonders produktiv erwies sich das analytische Werkzeug, das der schwedische Friedensforscher Johan Galtung entwickelte (Galtung, 1975). Er differenziert zwischen „personaler" („direkter", „manifester") und „struktureller" („indirekter", „latenter") Gewalt. Der Aspekt der personalen Gewalt deckt weitgehend das Spektrum des traditionellen Gewaltbegriffs ab: Personen, Gruppen, Staaten handeln aggressiv und zerstörerisch gegen andere. Der Aspekt der strukturellen Gewalt bezieht sich auf gesellschaftliche Verhältnisse, die Menschen an der Wahrnehmung ihrer Rechte und Lebenschancen hindern. Das können durchaus formal rechtlich einwandfreie Organisationen und Verwaltungsakte sein. Galtung benennt hierfür u. a. als Beispiel eine Weltwirtschaftordnung, die grundsätzlich im Interesse der reichen Industriestaaten die armen Nationen benachteiligt und unterdrückt. Galtung identifiziert noch eine weitere Form der Gewalt, die er als „kulturelle Gewalt" bezeichnet. Damit sind die in einer Gesellschaft vorherrschenden Überzeugungen und akzeptierten Sichtweisen gemeint, die „die Realität so undurchsichtig (machen), dass wir eine gewalttätige Handlung oder Tatsache überhaupt nicht wahrnehmen oder sie zumindest nicht als solche erkennen." (Galtung, 1993, 106)

Die Welt des Straßenverkehrs oder des Sports liefern Beispiele in Fülle für eine solche Kultur der Gewalt. Galtung gewann aus diesen Aspekten der direkten, strukturellen und kulturellen Gewalt das „Dreieck der Gewalt". Mit diesem Ansatz kann die Fixierung der Frage von Krieg und Frieden auf die weltweiten Kriegspotenziale und Konflikte aufgebrochen und eine weitaus differenziertere Sicht gewonnen werden. Probleme von Ungerechtigkeit, Diskriminierung und gesellschaftlichem Terror wie der aktuelle Rechtsradikalismus können in die kritische Analyse einbezogen werden. Und auch eine plausiblere Sicht des Friedens kommt in den Blick: Arbeit für den Frieden bedeutete nicht länger nur Arbeit für die Abschaffung des Krieges, sondern Arbeit an der Herstellung gerechter, lebenswürdiger Verhältnisse für alle. Der Begriff der „strukturellen Gewalt" in Verbindung mit direkter und kultureller Gewalt brachte als positives Gegenbild die Idee des „strukturellen Friedens" hervor.

Die Beziehungen und Konvergenzen zu Montessoris Konzept liegen auf der Hand: Auch wenn sie den Begriff der strukturellen Gewalt nicht verwendet, beschreibt sie die entsprechenden Sachverhalte vielfach, vorwiegend auf dem Feld der Erziehung, die sie als Unterdrückungs- und Verhinderungssystem erkennt, wie auch auf dem Feld der weltweiten friedenverhindernden Strukturen. Auch die kulturelle Gewalt ist bei ihr deutlich zu erkennen, z. B. wenn sie Kampfbereitschaft und Durchsetzungsvermögen als Werte offen legt, die im Erziehungssystem vermittelt werden. Dem Ansatz der kulturellen Gewalt entsprechen Montessoris „Gegenwelten" von Freiheit, Gerechtigkeit und Harmonie. Galtungs systematische Ordnung und Reflexion dieser Aspekte („Dreieck der Gewalt" – „Dreieck des Friedens") vertiefen Montessoris Ideen und führen sie weiter.

b. Alltagsfriedensforschung

Charakteristisch für alle heute diskutierten Konzepte der Friedenspolitik und Friedensforschung ist die Zurückhaltung im Blick auf universale Sichtweisen und globale Strategien. Das hängt gewiss mit einer Ernüchterung zusammen, aber auch mit fortgeschriebenen Erkenntnissen und veränderten Sichtweisen. Am deutlichsten markiert der Begriff „Alltagsfriedensforschung" den neuen Ansatz. Unter Bezugnahme auf die Forschungen von Galtung hat eine Autorengruppe umfassende theoretische und praktische Untersuchungen dazu vorgelegt. (Esser u. a., 1996) Grundprinzipien sind: Bestimmung überschaubarer Projekte, Friedensarbeit von Gruppen in der Kommune, Vernetzung von Aktivitäten. Die Vorteile liegen auf der Hand: Niemand ist auf sich gestellt, sondern erfährt und gewährt Solidarität in der Gruppe. Damit steht auch die Gruppe selbst als Experimentierfeld für Friedensprozesse bereit. Pläne und ihre Realisierung können im überschaubaren Erfahrungsraum reflektiert und überprüft werden. So werden auch Erfolge sichtbar: Die Beteiligten erleben sich nicht länger als ohnmächtige Opfer undurchschaubarer Gewaltstrukturen, sondern erfahren sich als Subjekte konkreter Veränderungen.

Diese Alltagsfriedensarbeit basiert auf einer langfristigen „Beziehungs- und Lernarbeit mit Kindern und Erwachsenen". (179ff) Dabei greifen die Autoren auch auf reformpädagogische Ansätze selbstbestimmten Arbeitens in der Schule zurück. Die Alltagsfriedensarbeit versteht sich nicht als Alternative zu globalen Konzepten, aber sie bietet die Möglichkeit, erfahrungsbezogen und solidarisch vor Ort zu arbeiten.

c. Der Kontext der personzentrierten Friedenskonzepte

Zweifellos ordnen sich Montessoris Ideen den Friedenskonzepten zu, die Veränderungen zum Guten grundlegend in der Person des Einzelnen suchen. Als Beispiele nenne ich Janus Korczak, Otto Friedrich Bollnow, Carl Jaspers, Theodor W. Adorno. Auch Hartmut von Hentig ist in diesem Zusammenhang zu erwähnen. Die meisten der Genannten formulieren ethische Postulate und philosophisch begründete Verhaltensnormen. Bei Montessori fasziniert, dass sie nicht von Appellen ausgeht, sondern vom Vertrauen in die friedenschaffenden Kräfte des Kindes, das seine Potenziale entwickelt hat. Auf dieser Basis fordert sie von den Erwachsenen, dass sie die Kräfte nicht vermindern oder zerstören, sondern freisetzen und fördern. Es ist interessant, dass gerade die neuen Forschungen zur Friedensthematik (Esser u. a., 1996; Wintersteiner, 1999) eindeutig personzentriert ansetzen.

d. Die Beziehung zu Konzepten nachhaltiger Entwicklung und Bildung

Die Konzepte nachhaltiger Entwicklung und nachhaltiger Bildung, die in den letzten zehn Jahren die friedenspädagogische Diskussion maßgeblich prägten, berühren vielfach Montessoris Ideen zur Friedenserziehung. Moderne pädagogische Vorstellungen wie z. B. Vernetzung des Lernens, Bildung als generationenübergreifende Aufgabe etc. können Montessoris Gedanken weiterführen und präzisieren (vgl. vor allem Heitkämper, 2000a, 108f).

e. Die Einsicht in die Begrenztheit des Friedenshandelns

Die „Ernüchterung" im Blick auf die Wirksamkeit von Friedensarbeit und Friedenserziehung ist keinesfalls nur negativ zu betrachten, etwa im Sinne von Resignation. Hartmut von Hentig hält die Einsicht in die Begrenztheit unserer Mühen sogar für ein herausgehobenes Ziel der Friedenserziehung. (v. Hentig, 1987, 31ff) Denn sie schützt vor Selbstüberschätzung und Selbstüberforderung, was zu Entmutigung oder sogar zu zynischer Passivität führen kann. Und sie schützt vor der Überschätzung der eigenen Konzepte, die allzu leicht in machtförmige Durchsetzungsaktivitäten und Isolation mündet.

Die Fähigkeit zum fruchtbaren Selbstzweifel und zum produktiven Kompromiss sind sicher ein unaufgebbarer Aspekt der Friedensarbeit. Dies hat in letzter Zeit vor allem auch Wintersteiner betont, der Friedensarbeit ausdrücklich als Sisyphosarbeit bezeichnet. (Wintersteiner, 1999, 368ff) An dieser Stelle scheint wohl am deutlichsten die Differenz zu Montessoris globalem, bisweilen überschwänglich vorgetragenen Denken auf.

9.3.3 Resümee

Diese kritische Anmerkung zu Montessori soll aber nicht das letzte Wort behalten. Winfried Böhm hat den interessanten Vorschlag gemacht, ihre visionäre Sicht auch als Treibsatz der Hoffnung wahrzunehmen, ohne die Erziehung nicht auskommt: „Erziehung, sintemalen Friedenserziehung, ist stets Ausdruck einer Hoffnung, sei sie gleich noch so utopisch, und des pädagogischen Vertrauens auf das Kind." (Böhm, 1993, 33)

Dieser Aspekt der Hoffnung ist eigentlich in allen Friedenskonzepten zu finden, so auch in dem genannten Werk zur Alltagsfriedensforschung, das ein Kapitel „Friedensvisionen" enthält. Schließlich ist auf eine aufschlussreiche Bemerkung bei Hartmut von Hentig aufmerksam zu machen:

> *„Wir sollten uns von der pädagogischen ‚Pflege' von Einstellungen nicht zu viel erwarten, ja, die Einstellungen der Menschen nicht direkt angehen und statt dessen lieber lehren, wie man Tatbestände beurteilt und verändert."* (v. Hentig, 1987, 19)

Dieser Hinweis auf die Möglichkeit einer indirekten Friedenserziehung führt uns unmittelbar an die Frage heran, wie die Praxis einer Friedenspädagogik auf der Spur Maria Montessori vorzustellen sei.

9.4 Auf dem Weg zur Praxis der Friedenserziehung – Zehn Thesen

Die abschließenden Gedanken will ich in Form von zehn Thesen zur Friedenserziehung vorlegen.[1]

1. Friedenserziehung ist als personzentriertes Konzept zu begreifen. Die Stärkung der Person ist die Basis für die Entwicklung der Fähigkeit, positiven Frieden zu stiften, zu halten und zu fördern.

[1] Vgl. dazu auch die Thesen von Hentig, a.a.O. und Wintersteiner, a.a.O.

Eine Friedenserziehung auf der Spur der Montessori-Pädagogik muss grundlegend von der Person als Subjekt der Friedensarbeit ausgehen. Persönlichkeitserziehung (im Sinne der helfenden Begleitung) ist immer zugleich auch Friedenserziehung – und umgekehrt ist subjektzentrierte Friedenserziehung auch immer zugleich Persönlichkeitserziehung. Diese personzentrierte Option schließt die friedenspolitische Perspektive ein: Friedenserziehung zielt auf mehr Gerechtigkeit und Harmonie in der Welt. Bei Montessori bedeutet diese Zentrierung, dass Friedenserziehung vom Kind ausgehen muss; denn in ihm liegen die Chancen einer friedenerfüllten Welt bereit.

2. Friedenserziehung ist darum der Versuch, heranwachsenden Menschen zu zeigen, dass sie einmalige, unverwechselbare Personen mit spezifischen Fähigkeiten und Chancen sind. Diese Erkenntnis ist umfassend zu unterstützen und durch Erfahrung zu belegen.

Da es nicht die Erwachsenen sind, die dem Kind seine Kräfte zuteilen, müsste – genau genommen – das Motto der Friedenserziehung lauten: „Zeigt den Kindern, dass sie stark sind!" Erziehung ist nichts anderes als helfende Begleitung bei der Entfaltung und Ausbildung dieser Energien. Entsprechend dem Grundsatz der Montessori-Pädagogik ist diese Begleitung als indirekte Erziehung aufzufassen – und eben nicht als direkte Belehrung oder gar absichtsvolle Vorbild-Pädagogik. Das bedeutet, dass auch für das friedenspädagogisch relevante Lernen eine vorbereitete Umgebung bereitzustellen ist. Sie ist so einzurichten, dass die Lernenden vielfältige Anlässe und Anreize vorfinden, entsprechend ihren Fähigkeiten in selbst bestimmter Arbeit ihre Kräfte durch praktischen Gebrauch zu entdecken und auszubilden. Darüber hinaus bietet die vorbereitete Umgebung viele Möglichkeiten, die kommunikative Kompetenz zu üben, etwa durch das Prinzip der altersgemischten Gruppen und der „offenen Türen".

Aber auch behutsame Begleitung in Form der direkten Erziehung ist nötig. Im Gespräch sollen dem einzelnen Kind bzw. dem Jugendlichen immer wieder seine besonderen Fähigkeiten und Chancen bewusst werden, seine Entwicklung gemeinsam wahrgenommen, auch Wachstumsstockungen und Störungen bedacht werden. Auch in der Gruppe gilt es,

Hilfestellung bei der Verarbeitung von Erfahrungen anzubieten, kommunikationsdienliche Regeln der Arbeit zu finden, Konfliktfähigkeit anzubahnen und zu fördern.

3. Friedenserziehung distanziert sich von allen Erziehungskonzepten, die auf Konkurrenz und Erfolgsdruck basieren. Sie weigert sich, Kindern in permanente Wettkampf-Situationen zu treiben und versucht, gute Erfahrungen mit erfolgreicher Kooperation anzuregen.

Als eine der Hauptursachen für den „Krieg" zwischen den Generationen hatte Montessori die Erziehung zum Konkurrenz-Denken und zur Sieger-Mentalität entlarvt. Lernen ist darum in der Praxis der Montessori-Pädagogik so zu planen, dass die gemeinsame Arbeit im Mittelpunkt steht. Außerdem sind viele Anlässe zu schaffen, in denen die Lernenden den Wert ihrer ganz eigenen Fähigkeiten erfahren können. In diesem Zusammenhang ist auch an die spezifischen Chancen zu erinnern, die die Montessori-Pädagogik für die Entwicklung einer humanen Fehlerkultur bereit hält. Diese müssten noch entschiedener in die Praxis umgesetzt werden.

4. Friedenserziehung ist Erziehung zur Politik. Dies bedeutet in erster Linie, dass (heranwachsende) Menschen lernen, sich nicht als ohnmächtige Opfer undurchschaubarer und unveränderbarer Verhältnisse, sondern als kritische, handlungsfähige Subjekte wahrzunehmen.

Politik meint im Zusammenhang der Friedenserziehung zunächst einmal nicht die Arbeit in und an politischen Strukturen oder Organisationen, sondern bezieht sich auf den Einzelnen. Er wird zum politischen Subjekt, wenn er erkennt, dass er nicht eine „Rädchenexistenz" in einem nicht durchschaubaren Komplex von Einflüssen und Interessen führen muss, sondern dass er die Fähigkeit hat, Beziehungen und Strukturen zu analysieren und – im demokratischen Kontext – auch zu verändern.

5. Friedenserziehung ermöglicht den Lernenden ermutigende Erfahrungen im Blick auf die Veränderung von Lebensverhältnissen, die die Aufbauarbeit an ihrer Person einschränken. Hierfür bietet sich die Schule als nahe liegender Erfahrungsraum an.

Der gegebene Erfahrungsraum für die Ausbildung des politischen Subjekts ist der immer der jeweilige Lernort – Kinderhaus, Kindergarten, Schule etc. In ihm können Kinder und Jugendliche Erfahrungen mit politischer Arbeit im Nahbereich machen. Hier kommt es zu einer sehr fruchtbaren Verschränkung von Montessoris Friedensideen mit der Alltagsfriedensforschung. Denn für Montessori ist ja die Erziehung der Schauplatz von Krieg und Frieden – und ebenso wählt die Alltagsfriedensforschung den unmittelbaren Erfahrungsbereich als ihr Feld der Arbeit am Frieden. Während bei Montessori der Akzent mehr auf der Schaffung guter Bedingungen für die friedensdienliche Entwicklung des Einzelnen liegt, betonen die Vertreter der Alltagsfriedensforschung stärker die Prozesse der Veränderung durch die Gruppe und in der Gruppe. Auf jeden Fall sollte der Lernort Schule als offener Spielraum bereit stehen, in dem die Kinder und Jugendlichen durch positive Erfahrungen lernen – und sich die Zuversicht aneignen, dass sie Verhältnisse, die den Aufbau der Person stören oder hindern, auch faktisch verändern können. Immer wieder sollten darum Erfahrungen im Arbeitsprozess besprochen und im Blick auf ihre Tauglichkeit zum selbständigen, freien Lernen überprüft werden, z. B. im begleitenden Gespräch mit Einzelnen oder in der Auswertungsphase größerer Vorhaben. Können die Kinder und Jugendlichen erfolgreich Veränderungen herbeiführen, die der Stärkung der Person und der Optimierung der Lernumgebung dienen, gehört das wohl zu den wichtigsten persönlichkeits- und friedenspädagogischen Chancen.

6. Friedenserziehung ist Wahrnehmungsschulung. Sie ist darauf aus, Fremdes nicht abzuwehren, sondern als Chance zur Erweiterung der eigenen Möglichkeiten und Fähigkeiten zu erkennen. Sie versucht auch, einfühlendes, tätiges Mitleid (Compassion) mit fremden schmerzhaften Erfahrungen anzubahnen.

Die genaue Wahrnehmung der Umwelt, der Dinge, der Menschen ist für Montessori ein wichtiger Moment im Prozess der Selbstfindung und Selbstschöpfung. Montessori bezeichnet diese Fähigkeit als „Schaukraft der Liebe". (15, 108ff; im Blick auf die Friedenserziehung: 11, 36ff) Sie ist auch für die Friedenserziehung fruchtbar zu machen. Friedensfähig wird, wenn es gelingt, die Einstellung zum Anderen zu verändern: An die Stelle von Unkenntnis, Angst und Abwehr sollten Neugier und die Erwartung treten, vom Anderen zu lernen und Chancen zur Erweiterung der eigenen Möglichkeiten wahrzunehmen. Hierfür bietet das freie Lernen in altersgemischten Gruppen sowie in vielfältigen Konstellationen kooperativer Arbeit gute Möglichkeiten. Die Anbahnung von Empathie gehört zu den schwierigsten Aufgaben der Erziehung; denn sie gelingt nicht auf kognitivem Wege – und Emotionen sind meist nicht von Dauer. Gute Erfolge wurden mit dem „Compassion"-Projekt erzielt; es basiert auf einer Verknüpfung von helfendem Kontakt mit hilfsbedürftigen Menschen und reflektierender Begleitung (Kuld/Gönnheimer, 2000). Zu einem einleuchtenden „Dreieck der Empfindsamkeit" hat Wintersteiner (1999, 229ff) drei einander bedingende und anregende Faktoren angeordnet: Empfindsamkeit, Konfliktfähigkeit, politisches Wissen.

7. Friedenserziehung entwickelt Qualifikationen zur Auseinandersetzung mit Gewalt. Dies bezieht sich auf die tiefe Abneigung gegen Gewalt (affektiver Aspekt), die Fähigkeit, auch strukturelle und kulturelle Gewalt zu durchschauen (kognitiver Aspekt) und die Befähigung zu rationaler, effektiver Konfliktlösung (Handlungsaspekt).

Gewaltforschung gehört wohl zu den am intensivsten diskutierten und bearbeiteten Gebieten der Friedensforschung. Vor allem die Untersuchungen von Johan Galtung waren bahnbrechend. Dennoch haben wir es mit so komplexen Erscheinungen und Ursachen zu tun, dass monokausale Herleitungen und Strategien versagen. Das belegt überdeutlich das erschreckende Phänomen rechtsradikal motivierter Gewalt in Deutschland. Dennoch lassen sich einige Fixpunkte benennen.

Dass Gewalt verabscheuungswürdig ist, erfahren Kinder, wenn sie selbst Opfer von Gewalttätigkeit sind. Kann es gelingen, diese *Abneigung gegen jede Form der Gewalt* zu verwurzeln? Wahrscheinlich ist das nur möglich in Verbindung mit dem, was Friedensforscher die Fähigkeit nennen, „Gewalt zu lesen" (z. B. Wintersteiner, 1999, 369). Diese *„Gewalt-Alphabetisierung"* bedeutet, kulturelle Gewalt in allen ihren Formen zu durchschauen. Die „Sprache der Gewalt" in Wirtschaft, Politik, Straßenverkehr etc. muss lesbar werden, ebenso die allgegenwärtigen

Gewalt-Symbole. In den Lernorten könnte ein Projekt „Sprache der Gewalt – Sprache des Friedens unter uns“ in Reflexion, aber auch in Form von Rollenspielen sensibilisieren. Schließlich geht es um *rationale Konfliktlösung*. Speziell im Schulbereich hat sich in den letzten Jahren das Verfahren der Mediation bewährt. Es beruht auf einer nach klaren Regeln ablaufenden Konfliktregelung unter Anleitung eines neutralen Vermittlers (Mediators): Die Beteiligten rekonstruieren den Ablauf, sprechen über ihre Gefühle, diskutieren Lösungen und einigen sich auf ein Ergebnis.

8. Friedenserziehung ist auch Erziehung zum „Ungehorsam“. Es geht um die Bereitschaft und Fähigkeit, allgemein gültige und scheinbar unveränderliche Normen, Verhältnisse und Entwicklungen kritisch zu hinterfragen und eine Auseinandersetzung zu beginnen. Dies bezieht sich auch auf die kritische Auseinandersetzung mit den eigenen fest gefügten Überzeugungen und Verhaltensmustern.

Schon vor über 30 Jahren hat Theodor W. Adorno in seiner Rede „Erziehung nach Auschwitz“ der kollektiven Diskriminierung und dem Terror die „Kraft zur Reflexion, zur Selbstbestimmung, zum Nicht-Mitmachen“ entgegen gestellt. (Adorno, 1969, 93) Die beiden ersten Aspekte wurden bereits besprochen. Die Forderung, sich gegen Anpassungsdruck zu wenden, muss sich in der Praxis differenzieren. Zweifel am Selbstverständlichen, kritische Rückfrage an Autoritäten sollten Grundmuster jeder erzieherischen Arbeit sein. Dazu kommt, dass in der Interaktion Forderungen oder „Maßnahmen“ grundsätzlich begründet werden müssen. Den Lernenden ist unbedingt zu vermitteln, dass Auseinandersetzungen und Konflikte notwendige Aspekte der Friedensarbeit sind. Ansonsten würde die Friedenserziehung Menschen hervorbringen, die fügsame Opfer von Aggressionen und struktureller Gewalt werden.

9. Friedenserziehung setzt auf Erfahrung, Reflexion und Leidenschaft. Sie versucht, gute Erfahrungen mit dem Wachstum der eigenen Person und der Arbeit am Frieden zu stimulieren. Sie versucht, diese Erfahrungen immer wieder durch (nachgängige) Reflexion bewusst zu machen, zu vertiefen und zu sichern. Sie strengt sich an, bei den Lernenden die Lust am Frieden zu wecken.

Erfahrung ist das Treibmittel der Erziehung – zum Krieg oder zum Frieden. Erfahrungen von Gewalt, die zum gewaltsamen Leben disponieren, gehören zum Kinderalltag. Umso wichtiger ist, dass sie gute Gegen-Erfahrungen in ihrer Lebenswelt machen können. Dazu bieten fast alle bisher erläuterten Thesen Anregungen und Vorschläge an. Was Kinder und Jugendliche erleben, kann sich durch verarbeitende Reflexion zu geklärten, gesicherten Erfahrungen verdichten. Diese stehen dann wieder als Ausgangsmaterial für neue, weiterführende Erfahrungen zur Verfügung. Wenn Frieden-Lernen sich auch auf Reflexion zu stützen hat, muss doch die Lust auf den Frieden die Arbeit inspirieren. Wintersteiner hält es für unabdingbar, dass wir in der Friedensarbeit „die gleichen leidenschaftlichen Kräfte mobilisieren (…) wie sonst der Krieg". (Wintersteiner, 1999, 370)

10. Friedenserziehung vermittelt die Erkenntnis, dass Friedensarbeit nicht das Friedensreich errichten, sondern nur mit begrenzten, bruchstückhaften und vorläufigen Erfolgen rechnen kann. Gleichzeitig stützt sich Friedenserziehung auf die Vision einer Welt der „Gerechtigkeit, der Liebe und der Harmonie" (Montessori). Denn ohne Hoffnung ist Arbeit am Frieden nicht möglich und ohne eine Utopie können Nahziele der Friedenserziehung nicht erkannt und verfolgt werden.

Diese These bezieht sich zunächst noch einmal auf die personzentrierte Basis. „Friedenspädagogik muss es ertragen, dass das Gute und das Böse gleichermaßen möglich sind, sie muss in der bewussten Entscheidung die eigentliche Herausforderung sehen." (Wintersteiner, 1999, 369)

Diese Einsicht entlastet von der Vorstellung, endgültige Friedenverhältnisse, vollendet friedliche Verhältnisse schaffen zu müssen. „Frieden versteht sich nicht als (…) besitzbares Gut, sondern als Gehen eines Weges." (Ebd., 368).

Verzicht auf Vereinnahmung, Respekt vor anderen Sichtweisen sind die Folge. Wer mit Friedenserziehung zu tun hat, lernt mit Enttäuschungen umzugehen und kann diese friedenswichtige Fähigkeit den Lernenden mitteilen.

Friedenserziehung schaut aber nicht nur auf die oft steinigen Wege, sondern richtet den Blick auf Friedensvisionen. Denn wer keine Vision hat, verliert die Hoffnung und kennt die Richtung nicht, in der er die Nahziele suchen und verfolgen muss. Gerade Montessoris Ideen zeichnen die Hoffnung eröffnende Friedensvision in leuchtenden Farben, und wir tun gut daran, sie nicht klein zu reden. Der Montessori-Pädagoge Wilfried Böhm hat vor einer Überschätzung der Entwicklung und begleitenden Erziehung im Blick auf die Friedensfähigkeit gewarnt und eine „Redimensionierung" der Pädagogik gefordert, eine realistische Rückführung auf ihre tatsächlichen Chancen. Aber: Treffen diese Vorbehalte wirklich den Kern der Friedenserziehung nach Maria Montessori? Ihre Gedanken und Vorschläge hatten ja – verglichen mit dem Gesamt pädagogischer Bemühung – bisher nur ganz vereinzelt die Chance, zu zeigen, was sie wert sind. Und darum sollten wir so gut wir irgend vermögen daran arbeiten, dass Montessoris Idee von der „Macht der Schwachen" ihre Wahrheit und Kraft zeigen kann: Wenn ihr den Frieden wollt, macht die Kinder stark.

Literatur

Montessori

Für die Werke Maria Montessoris benutze ich, wie in der Sekundärliteratur üblich, einen Ziffernschlüssel.

1. Montessori, Maria: Die Entdeckung des Kindes. Herausgegeben und eingeleitet von Paul Oswald und Günter Schulz-Benesch. Freiburg: Verlag Herder. [10]1991.
2. Montessori, Maria: Schule des Kindes (1916). Herausgegeben und eingeleitet von Paul Oswald und Günter Schulz-Benesch. Freiburg: Verlag Herder. [3]1989.
3. Montessori, Maria: Das kreative Kind (1949). Herausgegeben und eingeleitet von Paul Oswald und Günter Schulz-Benesch. Freiburg: Verlag Herder. 1991.
4. Montessori, Maria: „Kosmische Erziehung“ (Kleine Schriften Maria Montessoris 1). Herausgegeben und eingeleitet von Paul Oswald und Günter Schulz-Benesch Freiburg: Verlag Herder. 1988.
5. Montessori, Maria: Die Macht der Schwachen (Kleine Schriften Maria Montessoris 2). Herausgegeben und eingeleitet von Paul Oswald und Günter Schulz-Benesch. Freiburg: Verlag Herder. 1989
6. Montessori, Maria: Dem Leben helfen (Kleine Schriften Maria Montessoris 3). Herausgegeben und eingeleitet von Günter Schulz-Benesch, Verlag Herder, Freiburg: Verlag Herder. 1992.
7. Montessori, Maria: Gott und das Kind. (Kleine Schriften Maria Montessoris 4). Herausgegeben und eingeleitet von Günter Schulz-Benesch. Freiburg: Verlag Herder. 1995
8. Montessori, Maria: Erziehung für eine neue Welt. (Kleine Schriften Maria Montessoris 5). Herausgegeben und eingeleitet von Harald Ludwig und Günter Schulz-Benesch. Freiburg: Verlag Herder. 1998
9. Montessori, Maria: Kinder, die in der Kirche leben. Die religionspädagogischen Schriften von Maria Montessori. Herausgegeben von Helene Helmig. Freiburg: Verlag Herder. 1964
10. Montessori, Maria: Über die Bildung des Menschen. Herausgegeben und eingeleitet von Paul Oswald und Günter Schulz-Benesch. Freiburg: Verlag Herder. 1966
11. Montessori, Maria: Frieden und Erziehung. Herausgegeben und eingeleitet von Paul Oswald und Günter Schulz-Benesch. Freiburg: Verlag Herder. 1973

12. Montessori, Maria: Spannungsfeld Kind-Gesellschaft-Welt. Herausgegeben und eingeleitet von Paul Oswald und Günter Schulz-Benesch. Freiburg: Verlag Herder. 1979.
13. Montessori, Maria: Von der Kindheit zur Jugend. Herausgegeben und eingeleitet von Paul Oswald und Günter Schulz-Benesch. Freiburg: Verlag Herder. [3]1979
14. Montessori, Maria, Grundlagen meiner Pädagogik (1934). Heidelberg: Quelle & Meyer. [7]1988.
15. Montessori, Maria: Kinder sind anders (1936). München: Klett-Cotta im Deutschen Taschenbuch Verlag, dtv 15036. 1987
16. Montessori, Maria: Die Freiheit des Menschen muss aufgebaut werden. In: Montessori-Werkbrief 3/4 (1985), S. 121–124
17. Montessori, Maria: Abrüstung in der Erziehung. (In: 5, 10–14)
18. Montessori, Maria: Das Kind in der Familie. (In: 6, 9–73)
19. Montessori, Maria: Das Kind und die Menschheit". (In: 6, 77 – 84)
20. Montessori, Maria: Wie eine Montessori-Lehrerin sein muss. (In: 8, 138–142)
21. Montessori, Maria: Neue Welt und Erziehung. In: Ludwig, Harald/Fischer, Reinhard/ Heitkämper, Peter (Hrsg.), Erziehung zum Frieden für Eine Welt – Der Beitrag der Montessori-Pädagogik. Münster: LIT Verlag. 2000, S. 19–28
22. Montessori, Maria: Weltanalphabetismus. (In: 8, 143–243)
23. Montessori, Maria: Mein Handbuch. Stuttgart: Julius Hoffmann Verlag. 1922
24. Montessori, Maria: Die Disziplinierung der Kinder (Teil 2). In: DAS KIND, 1993, 6–11)

Montessori, Renilde: Von San Lorenzo in die Welt. In: DAS KIND 1998, Heft 23, S. 8–17

Sekundärliteratur

Adorno, Theodor W.: Erziehung zur Mündigkeit. Frankfurt 1969

Althof, Wolfgang (Hrsg.): Fehlerwelten. Vom Fehlermachen und Lernen aus Fehlern. Opladen: Leske + Budrich. 1999

Berg, Horst Klaus (unter Mitarbeit von Ulrike Weber): Montessori für Religionspädagogen. Stuttgart: Verlag Katholisches Bibelwerk. [3]1999

Berg, Horst Klaus: Die Montessori-Pädagogik für das interdisziplinäre Gespräch öffnen! Eine Problemanzeige & eine Einladung zur Diskussion. In: MONTESSORI. 1995. Heft 1

Berg, Horst Klaus/Weber, Ulrike: Symbole erleben – Symbole verstehen (Freiarbeit Religion 4) Stuttgart/München: Calwer-Verlag/Kösel Verlag. 2000

Berg, Horst Klaus: Freiarbeit im Religionsunterricht. Stuttgart/München: Calwer Verlag/Kösel Verlag. [2]1998

Berg, Horst Klaus: „Was uns die Wiesenblume erzählt". Erwägungen und Materialien zu einem fachübergreifenden Projekt mit Freiarbeitselementen in der Grundschule. In: DAS KIND 27, 2000, S. 33–51

Berg, Horst Klaus: Lernen mit Hand, Herz … aber ohne Kopf? Beobachtungen und Anmerkungen zu ‚Ganzheitlichkeit' und ‚Handlungsorientierung' aus der Sicht der Montessori-Pädagogik. In: DAS KIND 21, 1997, S. 42–59

Betz, Otto: Religiöse Erfahrung. Wege zur Sensibilität. München: Verlag J. Pfeiffer. 1977.

Biehl, Peter, Wahrnehmung und ästhetische Erfahrung. Zur Bedeutung ästhetischen Denkens für eine Religionspädagogik als Wahrnehmungslehre. In: Grözinger, Albrecht/Lott, Jürgen: Gelebte Religion. Im Brennpunkt praktisch-theologischen Denkens und Handelns. Rheinbach: CMZ-Verlag. 1997, S. 380–412

Bisset, Esther/Palmer, Martin: Die Regenbogenschlange. Geschichten vom Anfang der Welt und von der Kostbarkeit der Erde. Bern: WWF Schweiz/Zytglogge Verlag. 1987

Bly, Robert: Die kindliche Gesellschaft. Über die Weigerung, erwachsen zu werden. München: Kindler Verlag. 1997

Böhm, Winfried (Hrsg.): Maria Montessori. Texte und Gegenwartsdiskussion. Bad Heilbrunn: Verlag Julius Klinkhardt. 1990

Böhm, Winfried: Erziehung für die Welt von morgen. In: DAS KIND 14, 1993, S. 12–35

Buytendijk, Frederik Jacobus Johannes: Bildung der Jugend durch lebendiges Tun (1932) In: Schulz-Benesch, Günter, Montessori. Wege der Forschung Band CC. Darmstadt: Wissenschaftliche Buchgesellschaft. 1970, S. 254–273

Cavaletti, Sofia: Das religiöse Potential des Kindes. Religiöse Erziehung im rahmen der Montessori-Pädagogik. Freiburg: Verlag Herder. 1994.

d'Arcais, Guiseppe Flores: Friedensmodelle und Friedenserziehung. Der Beitrag Montessoris. In: B.Fuchs/W.Harth-Peter (Hrsg), Montessori-Pädagogik der Gegenwart. Würzburg. 1989, S. 106–111

d'Arcais, Guiseppe Flores: Maria Montessori und die Idee des Friedens. In: DAS KIND 14, 1993, S. 47–55

Der Religionsunterricht in der Schule. Ein Beschluss der Gemeinsamen Synode der Bistümer in der Bundesrepublik Deutschland. 1974

Doedens, Folkert: Hamburger Kulturen-Atelier – eine Lernwerkstatt zum interkulturellen und interreligiösen Lernen. In: ru 1996 <Heft 3>, S. 83–88.

Duncker, Ludwig: Zeigen und Handeln. Studien zur Anthropologie der Schule. Langenau: Armin Vaas Verlag. 1996 (1996a)

Duncker, Ludwig: Lernen unter den Bedingungen der Schriftkultur. In: ders., Zeigen und Handeln. Studien zur Anthropologie der Schule. Langenau: Armin Vaas Verlag. 1996, S. 63ff (1996b)

Duncker, Ludwig: Der Erkenntniswert des Ordnens. In: ders., Zeigen und Handeln. Studien zur Anthropologie der Schule. Langenau: Armin Vaas Verlag. 1996, S. 79–90 (1996c)

Duncker, Ludwig: Grundfragen handelnden Lernens. In: ders., Zeigen und Handeln. Studien zur Anthropologie der Schule. Langenau: Armin Vaas Verlag. 1996, S. 45ff (1996d)

Duncker, Ludwig: Mit anderen Augen sehen lernen. In: ders., Zeigen und Handeln. Studien zur Anthropologie der Schule. Langenau: Armin Vaas Verlag. 1996, S. 123–137 (1996 e)

Duncker, Ludwig (Hrsg.): Frieden lehren? Beiträge zu einer undogmatischen Friedenserziehung in Schule und Unterricht. Langenau 1988

Edelstein, Wolfgang: Aus Fehlern wird man klug. Zur Ontologie der Fehlertypen. Althof, Wolfgang (Hrsg.), In: Althof, W. (Hrsg.): Fehlerwelten. Vom Fehlermachen und Lernen aus Fehlern. Opladen: Leske + Budrich. 1999, S. 111–127

Ehrensaft, Diane: Wenn Eltern zu sehr … Warum Kinder alles bekommen, aber nicht das, was sie wirklich brauchen. Stuttgart: Klett-Cotta 2000

Erikson, Erik: Dimensionen einer neuen Identität. Frankfurt 1975

Esser, Johannes/von Kietzell, Dieter/Ketelhut/Barbara/Rompell, Joachim: Frieden vor Ort. Alltagsfriedensforschung – Subjektentwicklung – Partizipationspraxis. Münster 1996

Fauser, Peter: Zukunft als Dimension pädagogischen Handelns. In: Biehl, P., u. a. (Hrsg.); Jahrbuch der Religionspädagogik. Neukirchen 1993, S. 114–124

Fischer, R./Klein-Landeck, M./Ludwig, H. (Hrsg.): Die „Kosmische Erziehung Maria Montessoris. Münster: Lit Verlag. 1999

Fischer, Reinhard: Kosmische Erziehung und Friedenserziehung. In: Fischer, R./ Klein-Landeck, M./Ludwig, H. (Hrsg.): Die „Kosmische Erziehung“ Maria Montessoris. Münster. Lit Verlag. 1999. S. 300–307

Fischer, Reinhard: Soziale Erziehung, kosmische Erziehung, Friedenserziehung. Die Bedeutung der sozialen Erziehung in der Montessori-Pädagogik. In: Ludwig, Harald/Fischer, Reinhard/Heitkämper, Peter (Hrsg.): Erziehung zum Frieden für Eine Welt – Der Beitrag der Montessori-Pädagogik. Münster: LIT Verlag. 2000 (a), S. 75–91

Fischer, Reinhard: Zur Diskussion: Noch ein Beitrag zum Thema „Lob“. In: MONTESSORI, 2000 (b), Heft 1–2, S. 74

Foster, John: Entdeckendes Lernen in der Grundschule. München: Ehrenwirth Verlag. ^{2}1993

Freese, Hans-Ludwig: Kinder sind Philosophen. Weinheim: Beltz Verlag. 1998

Freinet, Célestin: Die moderne französische Schule. Paderborn: Schöningh Verlag. ^{2}1979

Frisch, Max: Tagebuch 1946–1949. Suhrkamp Taschenbuch st 1148. Frankfurt: Suhrkamp Verlag. 1985

Fromm, Erich: Die Kunst des Liebens. Ullstein TB 258. Frankfurt: Ullstein Verlag. 1956

Galtung, Johan: Kulturelle Gewalt. Zur direkten und strukturellen Gewalt tritt die kulturelle Gewalt. In: Der Bürger im Staat (Hrsg. von der Landeszentrale für politische Bildung Baden-Württemberg). 24. Jg, 1993, Heft 2, S. 106–112

Galtung, Johan: Strukturelle Gewalt. Reinbeck: Rowohlt Verlag. 1975

Glück, Gerhard: Zeitgeist und Fehlertheorie (1921–1939). Meister Weimer und sein Schüler Kießling. Althof, Wolfgang (Hrsg.), In: Althof, W. (Hrsg.), Fehlerwelten. Vom Fehlermachen und Lernen aus Fehlern. Opladen: Leske + Budrich. 1999, S. 169–188

Guldimann, Titus/Zutavern, Michael: „Das passiert uns nicht noch einmal!“ Schülerinnen und Schüler lernen gemeinsam den bewussten Umgang mit Fehlern. Althof, Wolfgang (Hrsg.), In: Althof, W. (Hrsg.), Fehlerwelten. Vom Fehlermachen und Lernen aus Fehlern. Opladen: Leske + Budrich. 1999, S. 233–258

Halbfas, Hubertus: Das Welthaus. Ein religionsgeschichtliches Lesebuch. Stuttgart: Calwer Verlag. 1983

Halbfas, Hubertus: Religionsbuch 1. Schuljahr. Düsseldorf: Patmos Verlag. 1983ff

Hammerer, Franz: Der Fehler – eine pädagogische Schlüsselsituation und Herausforderung. In: Erziehung und Unterricht. 2001, Heft 1–2, S. S. 37–50

Hammerer, Franz: Freie Lernphasen in der Grundschule. Wien: ÖVB Pädagogischer Verlag. 1994

Harth-Peter, Waltraud (Hrsg.): „Kinder sind anders“. Maria Montessoris Bild vom Kinde auf dem Prüfstand. Würzburg: Ergon Verlag. 1996

Heid, Helmut: Autorität – Über die Verwandlung von Fehlern in Verfehlungen. Althof, Wolfgang (Hrsg.), In: Althof, W. (Hrsg.): Fehlerwelten. Vom Fehlermachen und Lernen aus Fehlern. Opladen: Leske + Budrich. 1999, S. 129–136

Heine, Susanne: Montessori und die Vergottung des Kindes. In: Harth-Peter, Waltraud (Hrsg.): „Kinder sind anders“. Maria Montessoris Bild vom Kinde auf dem Prüfstand. Würzburg: Ergon-Verlag. 1996, S. 227–242

Heitger, Marian: Friedenserziehung – ein fragwürdiges Unternehmen. In: DAS KIND 14, 1993, S. 36–46

Heitkämper, Peter: Friedenspädagogik und Montessori-Pädagogik. In: Ludwig, Harald/Fischer, Reinhard/Heitkämper, Peter (Hrsg.): Erziehung zum Frieden für Eine Welt – Der Beitrag der Montessori-Pädagogik. Münster: LIT Verlag. 2000 (a), S. 92–118

Heitkämper, Peter: Nachhaltige Bildung und Kosmische Erziehung. In: Ludwig, Harald/Fischer, Reinhard/Heitkämper, Peter (Hrsg.): Erziehung zum Frieden für Eine Welt – Der Beitrag der Montessori-Pädagogik. Münster: LIT Verlag. 2000 (b), S. 119–129

Heitkämper, Peter: Vorschläge zur Montessori-Friedenserziehung – Materialien für die Schule. In: Ludwig, Harald/Fischer, Reinhard/Heitkämper, Peter (Hrsg.), Erziehung zum Frieden für Eine Welt – Der Beitrag der Montessori-Pädagogik. Münster: LIT Verlag. 2000 (c), S. 170–183

Hellinger, Bert/Hövel, Gabriele: Anerkennen, was ist. Gespräche über Verstrickung und Lösung. München: Kösel Verlag. 1996

Helming, Helene: Montessori-Pädagogik. Freiburg: Verlag Herder. [13]1992

Henry, Walburga: Kosmische Erziehung und aktuelle Sachunterrichtsdidaktik. In: Fischer, R./Klein-Landeck, M./Ludwig, H. (Hrsg.): Die „Kosmische Erziehung" Maria Montessoris. Münster: Lit-Verlag. 1999. S. 308–324

Hentig, Hartmut von, Ach: die Werte. Über eine Erziehung für das 21. Jahrhundert. München: Hanser Verlag. 1999

Hentig, Hartmut von: Arbeit am Frieden. Übungen im Überwinden der Resignation. München 1987

Hofbauer, Friedl/Weber, Matthias: Auf in die Fehlermachschule. Wien/München: Beltz Verlag. 1998

Holtstiege, Hildegard: Maria Montessori. Neue Pädagogik – Prinzip Freiheit – Freie Arbeit. Freiburg: Verlag Herder. 1987.

Holtstiege, Hildegard: Erzieher in der Montessori-Pädagogik. Bedeutung – Aufgaben – Probleme. Freiburg: Verlag Herder. 1991

Holtstiege, Hildegard: Modell MONTESSORI. Grundsätze und aktuelle Geltung der Montessori-Pädagogik. Freiburg: Verlag Herder. [8]1994

Holtstiege, Hildegard: Montessori-Pädagogik und soziale Humanität. Perspektiven für das 21. Jahrhundert. Freiburg: Verlag Herder. 1994

Holtstiege, Hildegard: Freigabe zum Freiwerden. Interpretationen zur Montessori-Pädagogik. Freiburg: Verlag Herder. 1997 (1997a)

Holtstiege, Hildegard: Erzieher, Leitung (Eltern, Erzieher, Lehrer). In: Steenberg, u. a., (Hrsg.), Handlexikon zur Montessori-Pädagogik. Ulm/Münster 1997, S. 48–54 (1997b)

Holtstiege, Hildegard: Das Menschenbild bei Maria Montessori. Grundzüge ihrer Anthropologie im Kontext der aktuellen Diskussion. Freiburg: Verlag Herder. 1999 (1999a)

Holtstiege, Hildegard: Beobachtung – erzieherische Grundqualifikation – Anleitung zu teilnehmender Beobachtung, In: MONTESSORI 1999, Heft 2/3, S. 78–106 (1999b)

Holtstiege, Hildegard: Die „beobachtende Intelligenz" des Kindes und das Problem des „visuellen Analphabetismus". In: Winkels, Theo (Hrsg.): Montessori-Pädagogik konkret. Praxisorientierte Aspekte und schulische Konkretionen. Bad Heilbrunn: Klinkhardt. 2000. S. 61–73

Holtz, Axel: Grundlagen der Kosmischen Erziehung. Ulm/Münster: Klemm & Oelschläger/Kinder. 1998

Holtz, Axel: Grundlagen der Kosmischen Erziehung. Ulm/Münster: Verlagsgemeinschaft Klemm & Oelschläger/Kinder. 1998

Jauß, Hans Robert: Ästhetische Erfahrung und literarische Hermeneutik. Suhrkamp Taschenbücher Wissenschaft Nr. 955. Frankfurt: Suhrkamp Verlag. 1984

Kahl, Reinhard: Lob des Fehlers. Eine Sendereihe. Hamburg: Pädagogische Beiträge Verlag. 1995

Klein-Landeck, Michael: Die Montessori-Methode neu denken? – Zur Revisionsbedürftigkeit gängiger Interpretationsmuster im Lichte von Montessoris Konzeption einer „Kosmischen Erziehung“. In: Fischer, R./Klein-Landeck, M./Ludwig, H. (Hrsg.): Die „Kosmische Erziehung Maria Montessoris. Münster: Lit-Verlag. 1999. S. 325–328

Klein-Landeck, Michael: Freie Arbeit bei Maria Montessori und Peter Petersen. Münster: LIT-Verlag. 2. Aufl. 1998

Klein-Landeck, Michael: Gute Arbeitsmittel – Kriterien zur Beurteilung geeigneter Lernmaterialien für die Montessori-Freiarbeit. In: MONTESSORI, 2001, Heft 2, S. 110–119

Kuld, Lothar/Gönnheimer, Stefan: Compassion – Sozialverpflichtetes Handeln. Stuttgart 2000

Lehmann, Christine: Freiarbeit – ein Lern-Weg für den Religionsunterricht? Eine Untersuchung von selbständigem Lernen im Horizont kritisch-konstruktiver Didaktik. Münster: LIT-Verlag. 1997

Lenk, Walter: Ganzheitlichkeit – ein Motiv für pädagogisches Denken und Tun? In: Lehmann, B. (Hrsg.), Kinder-Schule: Lehrer-Schule. Langenau: Armin Vaas Verlag. ^{2}1991, S. 71–84

Ludwig, Harald (Hrsg.): Montessori-Pädagogik in der Diskussion. Freiburg: Verlag Herder. 1999

Ludwig, Harald: „Kosmische Erziehung“ bei Maria Montessori. In: Fischer, Reinhard u. a., Ausgewählte Aspekte der Montessori-Pädagogik. ADVM: Pädagogische Schriften Heft 6. Bonn o.J., S. 25–37

Ludwig, Harald: Kosmische Erziehung und ökologisch orientierte Schulpädagogik – Zur ökologischen Perspektive in der Pädagogik Maria Montessoris. In: Haberl, H. (Hrsg.): Integration – Die Vielfalt als Chance. Möglichkeiten der Montessori-Pädagogik. Freiburg: Verlag Herder. 1995. S. 104–125

Ludwig, Harald: Religiöse Erziehung in der Montessori-Pädagogik und religionspädagogische Ansätze der Gegenwart. In: ders., Montessori-Pädagogik in der Diskussion. Freiburg: Verlag Herder. 1999. S. 145–172

Ludwig, Harald/Fischer, Reinhard/Heitkämper, Peter (Hrsg.): Erziehung zum Frieden für Eine Welt – Der Beitrag der Montessori-Pädagogik. Münster: LIT Verlag. 2000.

Martens, Ekkehard/Schreier (Hrsg.): Helmut, Philosophieren mit Schulkindern. Philosophie und Ethik in Grundschule und Sekundarstufe I. Heinsberg: Agentur Dieck. 1994

Meisterjahn-Knebel, Gudula: Montessori-Pädagogik in der weiterführenden Schule – Möglichkeiten einer Umsetzung des Erdkinderplans. In: Winkels, Theo (Hrsg.), Montessori-Pädagogik konkret. Praxisorientierte Aspekte und schulische Konkretionen. Bad Heilbrunn: Klinkhardt. 2000. S. 176–185

Noll, Heike/Schieder, Martin: Montessori-Freiarbeit. Möglichkeiten und Grenzen im Alltag öffentlicher Schulen. Ulm: Kinders Verlag/Verlag Klemm & Oelschläger. 2000

Oberthür, Rainer: Gewitternacht-Kartei. Heinsberg: Agentur Dieck. O.J.

Oberthür, Rainer: „... wer nicht fragt, bleibt dumm!'– ‚Philosophieren mit Kinder' als Impuls für den Religionsunterricht. In: KatBl 1992 <Heft 11>, S. 783–792.

Oberthür, Rainer: Kinder und die großen Fragen. Ein Praxisbuch für den Religionsunterricht. München: Kösel Verlag. 1995

Oberthür, Rainer (unter Mitarbeit von Alois Mayer): Kinder fragen nach Leid und Gott. München: Kösel Verlag. ^{2}2000

Oberthür, Rainer: Die Seele ist eine Sonne. Was Kinder über Gott und die Welt wissen. München: Kösel Verlag. 2000

Olowson, Anke: Die Kosmische Erziehung in der Pädagogik Maria Montessoris. Freiburg: Verlag Herder. 1996

Oser, Fritz/Hascher, Tina/Spychiger, Maria; Lernen aus Fehlern. Zur Psychologie des „negativen" Wissens. Althof, Wolfgang (Hrsg.), In: Althof, W. (Hrsg.): Fehlerwelten. Vom Fehlermachen und Lernen aus Fehlern. Opladen: Leske + Budrich. 1999, S. 11–41

Oswald, Paul: Frieden und Erziehung in der Pädagogik Maria Montessoris. In: Ludwig, Harald/Fischer, Reinhard/Heitkämper, Peter (Hrsg.): Erziehung zum Frieden für Eine Welt – Der Beitrag der Montessori-Pädagogik. Münster: LIT Verlag. 2000, S. 34–57

Oswald, Paul: Montessori-Pädagogik und religiöse Erziehung. In: KatBl 1987 <Heft 2>, S. 116–122.

Oswald, Paul: Wirklichkeit und Vision – Eine realistisch-visionäre Konzeption und die Ansätze ihrer praktischen Verwirklichung: Montessoris „Kosmische Erziehung" In: Fischer, R./Klein-Landeck, M./Ludwig, H. (Hrsg.): Die „Kosmische Erziehung" Maria Montessoris. Münster: Lit-Verlag. 1999, S. 57–72 (Zuerst erschienen in: Montessori Werkbrief 1989, H. 4, 124–138)

Petersen, Peter: Der kleine Jena-Plan. Braunschweig: Westermann Verlag. 1961

Postman, Neil: Wir amüsieren und zu Tode. Urteilsbildung im Zeitalter der Unterhaltungsindustrie. (Fischer-TB). Frankfurt: Fischer Taschenbuch Verlag. 1988

Raapke, Hans-Dietrich: Maria Montessoris Friedenserziehung. In: Ludwig, Harald/ Fischer, Reinhard/Heitkämper, Peter (Hrsg.), Erziehung zum Frieden für Eine Welt – Der Beitrag der Montessori-Pädagogik. Münster: LIT Verlag. 2000, S. 136–153

Reich, Kersten: Systemisch-konstruktivistische Pädagogik. Einführung in Grundlagen einer interaktionistisch-konstruktivistischen Pädagogik. Neuwied: Luchterhand Verlag. 3. überarbeitete Aufl. 2000

Reihe: Geschichten von Himmel und Erde. Lahr/Stuttgart: Verlag Ernst Kaufmann/ Stuttgart: Klett Verlag. 1994ff

Reuben, Steven Carr: Charakterstarke Kinder kommen weiter. Welche Werte unsere Kinder brauchen. Freiburg: Verlag Herder. 1998

Rollett, Brigitte: Auf dem Weg zu einer Fehlerkultur. Anmerkungen zur Fehlertheorie von Fritz Oser. Althof, Wolfgang (Hrsg.), In: Althof, W. (Hrsg.), Fehlerwelten. Vom Fehlermachen und Lernen aus Fehlern. Opladen: Leske + Budrich. 1999, S. 71–87

Rumpf, Horst: Schule als Kunst-Raum. Über zweierlei Künstlichkeit. In: JRP 13. Neukirchen: Neukirchener Verlag. 1997, S. 129–143

Scheid, Paul: Erziehung zum Frieden – aber wie? Praktische Beispiele zur Friedenserziehung. In: Fuchs, B./Harth-Peter, W. (Hrsg.), Montessori-Pädagogik der Gegenwart. Würzburg. 1989, S. 112–115

Schreier, Helmut: Philosophieren mit Kindern. In: Kohls, Eckhard (Hrsg.), Grundbegriffe zur Erziehung, zum Lernen und Lehren in der Grundschule. Heinsberg: Agentur Dieck. 1994, S. 214–216

Schulz-Benesch, Günter: Der Streit um Montessori. Kritische Nachforschungen zum Werk einer katholischen Pädagogin von Weltruf. Mit einer internationalen Montessori-Bibliographie. Freiburg: Verlag Herder. 1962

Spychiger, Maria/Oser, Fritz/Hascher, Tina/Mahler, Fabienne: Entwicklung einer Fehlerkultur in der Schule Althof, Wolfgang (Hrsg.), In: Althof, W. (Hrsg.), Fehlerwelten. Vom Fehlermachen und Lernen aus Fehlern. Opladen: Leske + Budrich. 1999, S. 43–70

Steenberg, Ulrich: Lass deinem Kind sein Geheimnis. Religiöse Erziehung nach Montessori Herder Spektrum 4651. Freiburg. Verlag Herder. 1998

Steenberg, Ulrich (Hrsg.): Handlexikon zur Montessori-Pädagogik. Ulm: Verlagsgemeinschaft Kinders Verlag. Verlag Klemm & Oelschläger. 1997

Tellaroli, Luisa: Montessori und die Idee einer Wissenschaft vom Frieden. In: DAS KIND 22, 1997, S. 53ff

Tielkes, Monika: Der „Pädagogische Versuch“ Maria Montessoris. Amersfoort: Uitgiveri Giordano Bruno. 1991

Traub, Silke: Freiarbeit in der Realschule. Landau: Verlag Empirische Pädagogik. 1997

Tworuschka, Monika und Udo: Vorlesebuch Fremde Religionen. Band 1: Judentum; Islam. Band 2: Buddhismus; Hinduismus. Lahr/Düsseldorf: Verlag E. Kaufmann/ Patmos Verlag. Band 1: 2. Aufl. 1993; Band 2: 1998

Tworuschka, Monika und Udo: Vorlesebuch Symbole in den Religionen der Welt. Lahr/Kevelaer: Kaufmann Verlag/Verlag Butzon & Bercker. 1996

Vail, Peter B.: Lernen als Lebensform. Ein Manifest wider die Hüter der richtigen Antworten. Stuttgart: Klett-Cotta. 1998

Vierlinger, Rupert: Montessori-Pädagogik und die Defizite der Regelschule. In: Haberl, Herbert (Hrsg.): Montessori und die Defizite der Regelschule. Freiburg/ Wien: Verlag Herder. 1993. S. 24–44

Wagemann, Gertrud: Feste der Religionen – Begegnung der Kulturen. München: Kösel Verlag. 1996

Weinert, Franz E.: Aus Fehlern lernen und Fehler vermeiden lernen. Althof, Wolfgang (Hrsg.), In: Althof, W. (Hrsg.): Fehlerwelten. Vom Fehlermachen und Lernen aus Fehlern. Opladen: Leske + Budrich. 1999, S. 101–109

Wendt, Irmela: Fehler übersehen sie nicht, bloß Menschen. Eine Schulgeschichte (rotfuchs). 20295 Reinbeck: Rowohlt Taschenbuch Verlag. 1982

Wintersteiner, Werner: Pädagogik des Anderen. Bausteine für eine Friedenspädagogik in der Postmoderne. Münster 1999

Zimmermann, Ulrike: Mit Simon und Jonathan im Haus der Knechtschaft. Erfahrungen mit freier Arbeit im Religionsunterricht. In: ru 1994 <Heft 2>, S. 73–75.

Zitzlsperger, Helga: Ganzheitliches Lernen. Welterschließung über alle Sinne. Weinheim: Beltz Verlag. 1995

Zocher, Ute: Entdeckendes Lernen lernen. Donauwörth: Auer Verlag. ^{2}2000

Register

Begriffe

Personen